葉子
Leaves
Publishing

根
以讀者為其根本

莖
用生活來做支撐

葉
引發思考或功用

果
獲取效益或趣味

胡雪巖，你在說什麼？

吳正堂◎編著

黃建中◎繪圖

胡雪巖，你在說什麼？

編 著 者：吳正堂
內 頁 插 畫：黃建中
出 版 者：葉子出版股份有限公司
發 行 人：葉忠賢
主 編：林淑雯
責 任 編 輯：王佩馨 • 林玫君
美 術 編 輯：nana設計工作室
印 務：許鈞棋
地 址：台北市新生南路三段88號7樓之3
電 話：（02）2363-5748
傳 真：（02）2366-0313
讀者服務信箱：leaves@ycrc.com.tw
網 址：www.ycrc.com.tw
郵 撥 帳 號：19735365 戶 名：葉忠賢
印 刷：大象彩色印刷製版股份有限公司
法 律 顧 問：北辰著作權事務所
初 版 一 刷：2005年12月 定 價：新台幣280元
I S B N：986-7609-19-0

國家圖書館出版品預行編目資料

胡雪巖，你在說什麼？／吳正堂著. -- 初版. --
臺北市：葉子，2004〔民93〕
  面： 公分. -- (忘憂草)
ISBN 986-7609-19-0(平裝)
1. 管理科學－通俗作品
2. 人生哲學－修身
  192.1   93003891

總 經 銷：揚智文化事業股份有限公司
地 址：台北市新生南路三段88號5樓之6
電 話：(02)2366-0309
傳 真：(02)2366-0310

※本書如有缺頁、破損、裝訂錯誤，請寄回更換

前言

　　2003年入冬前夕，寒風中的礁溪山色依然秀麗明媚！正在山上辛勤修習著研究所學分的我，因為孟樊老師的不棄與提攜，因緣際會地有了寫作本書的機會。花了幾個月的時間，誠惶誠恐地完成了稿子；然後殷切期盼著它的出版。

　　2005年的現在，我早已褪下學生的外衣，成為朝九晚五的上班族，忙碌於工作之中。原以為自己的拙作應該沒有問世的機會；卻在酷熱的陽光下，乍然接到要我寫書序的電話，心中不由得為之百感交集……

　　原來人生的變化，正如胡雪巖的一生般起伏不定、難以捉摸！

　　細觀紅頂商人胡雪巖的一生，帶著十分濃厚的傳奇色彩：他的成功固然得自於過人的運氣和許多人的大力協助；但若沒有具備把握機會的智慧和突破困境的勇氣，成就不可能從天而降！所謂「他山之石，可以攻錯」，這正是值得我們去學習之處，也是本書寫作之初所希望格外突顯之處。

　　然而因為不是傳記，所以沒有鉅細靡遺的考證敘述；也因為不是歷史，所以沒有華袞斧鉞的讚揚貶抑。本書所想要表現的方式，只是以一段段的小故事，將胡雪巖的生平串連成篇。故事中的內容並不是所要強調的重點；事實上故事背後所代表的意義和啟示，才是更值得我們關注的關鍵！

　　不論是當學徒時的奮發向上（晚上下工後仍然學習不輟，而終成掌櫃）；或是創業後的廣結善緣（結交當朝權貴

及能人異士）；乃至於用前瞻性的眼光看待生意、開創新生意（將銀號推廣到全國、兌換券的設計），都是胡雪巖令人另眼相看之處。誠如管理學思想大師彼得‧杜拉克曾說：「凡是你眼見的成功事業，都要歸因於有人在最初的時候做出了一個很有勇氣的決定！」胡雪巖看到了別人所未見之處；也發揮了別人所沒有的決心，所以他成功了！

而「識見」與「勇氣」正是這一世代年輕人所缺乏而應努力培養的內涵。

當然凡事有正有反，「水能載舟，亦能覆舟。」胡雪巖的失敗也在於自信過度、流於剛愎自用，又錯估自己的實力和判斷，再加上有心人的陷害，以致於大好產業一夕成空，最終落得晚景淒涼。這正足以做為我們警惕自己的樣板，所謂「少年得志大不幸！」不幸之處正在於過早成功，容易讓人迷失了自己、忘記了應守的本分，過度膨脹自己，這終究要導致失敗的。畢竟，「謹慎」和「謙虛」也正是我們需要時時把持的處世原則。

本書寫作之初，便以青少年為主要設定的讀者，在內容字句方面，自然取易避難以應其閱讀的需求。在這樣的狀況下，鄙劣不足之處在所難免，還請有識方家，多多賜教是盼。感謝孟樊老師鼓勵我投入寫作；也感謝葉子出版社的協助出版。但願各位青少年讀者均能由故事中得到啟示，有助於完整的人格發展與良好德行及能力的養成，這才是本書寫作的最大目的！

吳正堂

目錄

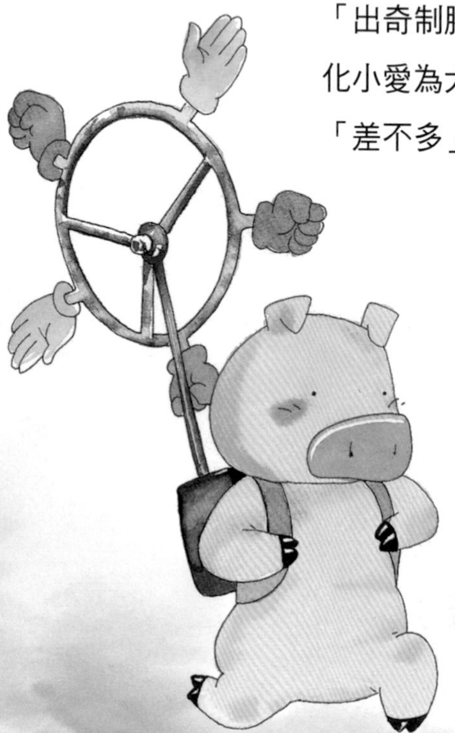

工作不忘學習

俗話說：「上有天堂，下有蘇杭。」自古以來，風景秀麗的蘇州和杭州兩個地方，就有「人間天堂」的美譽。而這一個地靈人傑的地方，在清末民初的時候，也出現了一位不平凡的人物。

西元一八三六年（道光十六年）的冬天，杭州糧道山下的小房子裡住著胡光墉母子。胡光墉的父親胡藍田很早就過世，光墉今年已經十四歲，卻沒有找到足以維生的工作，全靠母親替人縫補衣服度日。

這天，鄰居劉先生來到小屋。
「胡大嫂，你不是拜託我給光墉找個地方當學徒？」
「是啊！」胡光墉的母親說。
「羊壩頭有個錢莊正想找個學徒，我託我外甥和老闆說好了！」
「謝謝您，劉大爺！不然我們就活不下去了！」

於是過了正月十五，這胡光墉（也就是後來的胡雪巖）進了三元錢莊當學徒。進了錢莊，他努力幹活，從掃地抹窗到洗衣挑水，就像是個不會累的機器，也因此得到老闆的信賴。

然而，他並不以此自滿，因為他知道若是學識不夠，不會寫字和算數，是當不了「先生」這個職位的，如果當不到先生，在錢莊工作就沒有意義了！因此每到夜裡，總會見到他在櫃台上寫毛筆字、練珠算。沒兩年，他對錢莊的支出收入有了相當的了解，學徒期約一到，便順理成章升了高一等的「跑街」，可以開莊票、寫合約，正式和「錢」打交道了！這時兩件影響他未來人生的事件也隨之發生了……。

016

胡雪巖，你在說什麼

生活智慧

　　俗語說得好：「萬事起頭難！」胡雪巖一開始進錢莊時所做的是打雜一類「吃力不討好」的工作。但他並不以此為苦，或是因此自暴自棄，反而是用不斷的努力來為自己爭取最好的機會，也因此得到老闆的重用。

　　除此之外，他更具有遠大的眼光，時時充實自己，為自己加分，增加競爭力。「所謂的機會，通常只給那些做好準備的人！」，不論是讀書或是做事都是如此，腳踏實地去做，並且不自滿，懂得進步的重要，成功自然離你不遠了。

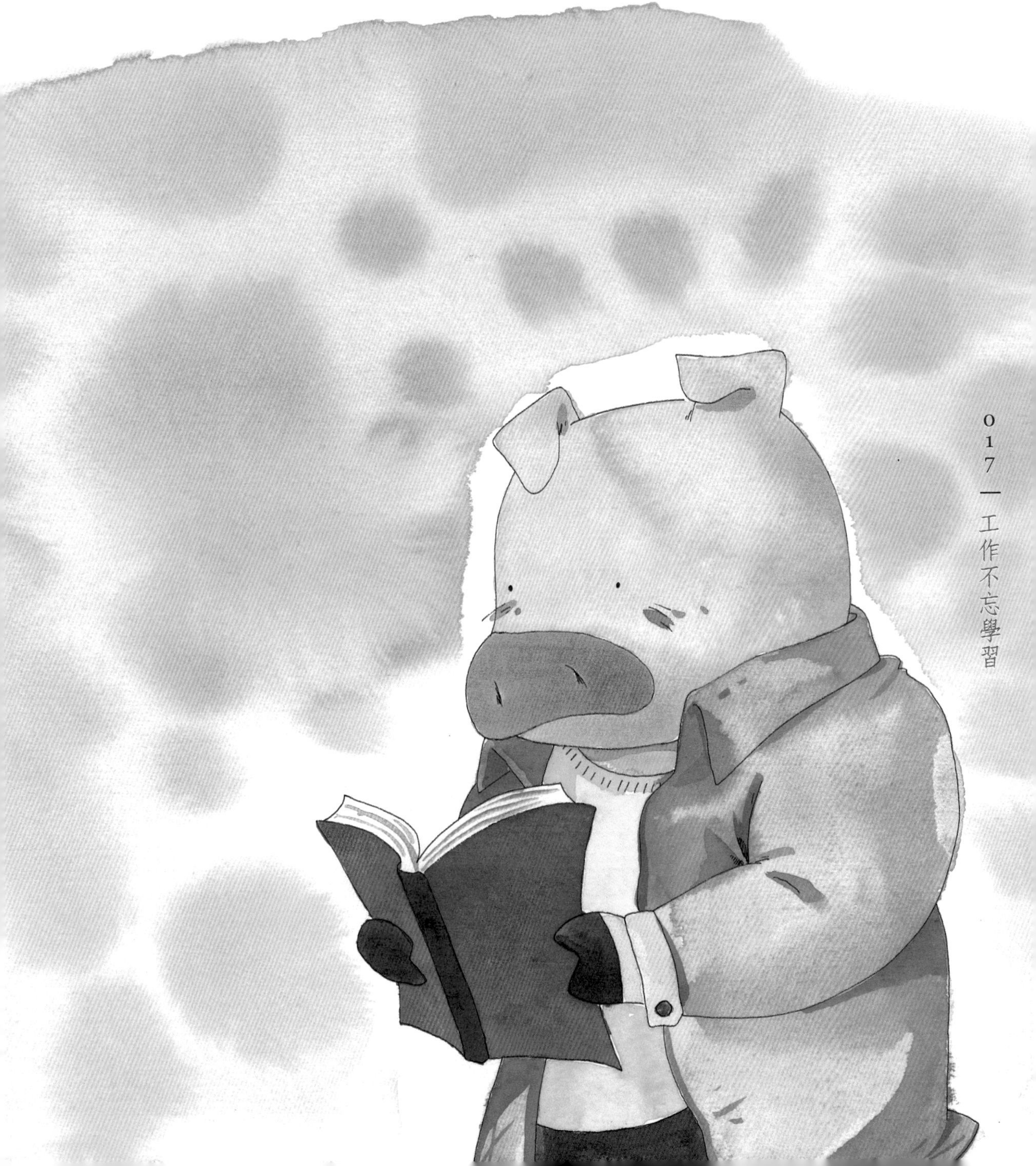

「遠見」和「現實」都很重要

　　胡雪巖所負責的戶頭，大多是貧寒的讀書人，或是借錢想要捐一個官位來做的人。這一天，他來到了清河坊王有齡家收取貸款的利息。王有齡見到他時不好意思的說：

　　「小兄弟，跟掌櫃的說，再延一些日子，好不好？」

　　胡雪巖看著王有齡的神情，心裡很同情。再加上看到他捐納的數字相當地大，將來如果成功，所擔任的官職一定不簡單，於是說：

　　「借款和利息，我和掌櫃說看看，不過有一天如果你真當了官……千萬別忘了我啊！」

　　一回到錢莊，胡雪巖就挨了罵。老闆氣呼呼地說：

　　「你只是一個伙計，怎麼能自作主張？如果每個人都這樣子不還錢，那錢莊要怎麼經營下去啊？」

其實老闆說的話，胡雪巖也不是不知道。只是他總是對這些失意的人有種同情的心理；除此之外，他心裡所盤算的是：自己既然身為一個「跑街」，如果和這些捐官的「未來大人」們打好關係，絕對是利多於弊。就算他們失敗了，對胡雪巖而言也沒什麼損失。這可說是他心中投資意識的萌芽。

隔了一年，也就是一八四三年（道光二十三年）的春天，清明節那天，錢莊裡的人都有事出去了，只留下胡雪巖。這時，一個聲音響起：

「我是綠旗軍的先鋒副將。」一位三十歲左右的軍人進了錢莊後大聲地說：「因糧餉不足，需要向你們借二千兩。」邊說邊拿出一張憑證。

胡雪巖因為上次王有齡的事而猶豫了一陣子，但心想軍隊不能一天不吃飯，店內又沒作主的人，於是便自己作主借出二千兩銀子，並且請這位名叫張彪的將軍寫了一張借據。

這下子可不得了，晚上老闆回來時，一聽到這件事就生氣地說：

「誰准你借錢出去的？」

「這也是生意嘛！」胡雪巖小聲地回答。

「生意？」「這筆錢只怕是『肉包子打狗──有去無回』。」

老闆一氣之下說：「我看，你明天不用來了！」

這句話就像把胡雪巖一拳打倒在地一樣，好不容易熬過來而爭取到的工作，回去如何向母親交代？心裡充滿了無奈和痛苦，但解雇已經是事實，於是胡雪巖只好整理行李，離開工作的錢莊，也開始邁入他人生的另一階段。

胡雪巖，你在說什麼

生活智慧

　　「同情弱者」和「熱愛國家」是每個人都有的心情，只是強弱的程度有所不同。胡雪巖也有這兩種基本特質，但是他更具有「投資」的概念。秦國的名相呂不韋在秦始皇的父親還是被放逐在外的王子時，就認定他有成為國王的機會，並且說他是「奇貨可居」。在呂不韋的努力奔波下，最後秦始皇的父親登上了王位，呂不韋也成了他的宰相。

　　胡雪巖也有相同的眼光，然而錢莊的經營是為了營利，若總是沒有收入，收支無法平衡，那麼該如何經營？所以具有遠見固然很好，但能了解實際環境的局勢也很重要，兩者相輔相成，就是成功的條件。

塞翁失馬，焉知非福？

胡雪巖回到家後，忍不住掉下了淚，對著難過的媽媽說：

「媽，您別擔心，我不會讓妳受苦！」

隔天他就到錢塘江的碼頭，做起了搬運工人。搬運工的薪水不高，而且必須從早搬到晚，大部分的工作都是搬磚頭，不過總比沒錢過日子好。這樣子過了一個多月，胡雪巖原本白淨的臉孔沒了，換來一身黑到發亮的皮膚；原本瘦弱的身體長出了一身肌肉；素雅的長袍變成了充滿補丁的破舊衣服，這時的他已經完完全全的變成了一個碼頭苦力。

有一天清軍的張彪又到了三元錢莊，不但還了當時所借的二千兩銀子，還順口問起了熱心借他錢的胡雪巖。

老闆結結巴巴地說：

「他……生病了！」

張彪沒有多想，離開錢莊，準備一個人到碼頭去接運軍糧的船。哪裡知道，竟會在碼頭看到了胡雪巖。

「你不是病了？怎麼在這裡？」

「病？我沒病啊！」胡雪巖感到莫名其妙。

「我是因為借您銀子而被解雇了！」胡雪巖沮喪地說。

張彪看了胡雪巖現在落魄的模樣，又想起錢莊老闆吞吞吐吐的樣子，心裡馬上就明白，生氣地說：

「豈有此理？借錢給軍隊是天經地義的事。胡兄弟！是我害了你！別做了！我們走，到我營裡，我給你換件衣服再說！」

到了營裡，張彪招呼胡雪巖洗了澡、換上新的衣服，馬上有了煥然一新的感覺。晚飯當然是美酒佳肴，飽餐一頓。吃完後，張彪認真地對著胡雪巖說：

「上一次若非你仗義相助，我也無法渡過難關。光墉，你人品這麼好，一定有所作為，這件事情又是因為我的關係而連累了你，我一定盡力想辦法幫你成就一番事業。」

於是張彪把從打敗的賊人那裡得到的十萬兩銀子給了胡雪巖做資本。告訴他去開個錢舖，用心經營。胡雪巖從半信半疑到看見張彪認真的眼神，才明白這是真的，這真可以說是上天送給了他一份大禮。兩人仔細地討論了相關的問題，然後胡雪巖才搭了張彪安排在大堂前的馬車回家去。

剛進了屋裡，就看到昔日錢莊的老闆，胡雪巖嚇了一跳：

「您找我有事嗎？」

「唉！我是特地來向你道歉的，是我錯怪了你。你明天就回錢莊來工作好嗎？」老闆苦笑著說。

「不！」胡雪巖很快地拒絕了！當然原因是因為那十萬兩的資本在手，自己早就有了新的計畫。

「您有什麼事就明說吧！」

老闆臉色一變，很沮喪地說：

「那位王有齡先生已經當上了浙江的鹽大使了！他聽說我把你趕出去，一直向我要人，說你不回去，他就不還錢，拜託你回來吧！」

胡雪巖忍住心中的喜悅，鎮靜地說：

「感謝當初您收我做學徒，您的問題我不能不管，就由我來處理吧！我明天就去王有齡先生那裡一趟。」

「太好了！」老闆這才放下了心，離開了胡家的小屋。

夜裡的胡雪巖整夜難以入睡。想著十萬元的資本；想著一個當上糧臺總辦的靠山。原本黑暗的人生彷彿一瞬間變得光明。天還沒亮，就匆匆忙忙洗完臉、刷完牙，顧不得母親叫他吃飯，便跑出去了！而他走到王有齡家時，太陽才剛出來而已。來的太早，只好在外面走來走去。

生活智慧

「種善因，得善果。」當時胡雪巖用真心來幫助的人，最後也都反過來幫助胡雪巖。所謂「塞翁失馬，焉知非福？」雖然因為幫助人而失去錢莊的工作，卻反而有了更多的收穫。但是重要的是，胡雪巖並沒有因此報復以前的老闆，他反而懷著一顆感恩的心。這種「飲水思源」的想法，是我們不可忘的人生態度。

塞翁失馬，焉知非福？

人心之所在，利益之所在

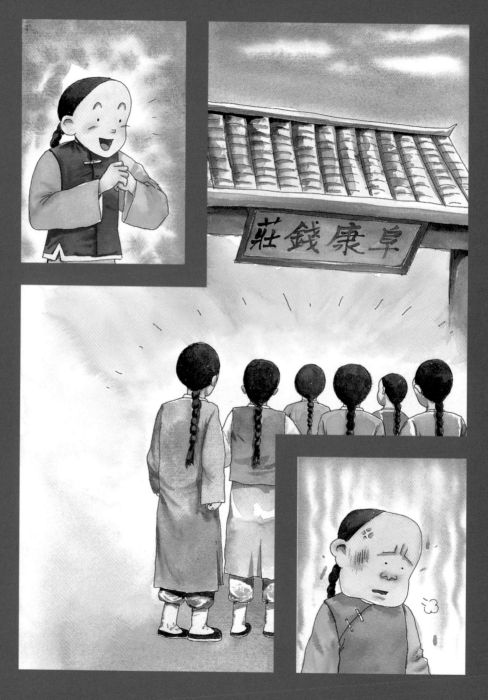

進入王家，胡雪巖向王有齡道喜，而王有齡也神采奕奕地向胡雪巖說：

「小兄弟，我忘不了你呀！張彪可有找到你？」

原來張彪和王有齡都是福建的同鄉，當張彪得到這十萬兩時，為了決定要放在哪裡，想破了頭。與王有齡商量時，兩人都不約而同提到了胡雪巖，也因此給了胡雪巖谷底翻身、自力創業的機會。

「既然決定要開錢莊，那麼店名想好了嗎？」王有齡問道。

「我沒讀什麼書，還望王大哥替我取一個吧！」胡雪巖誠懇地說。

「物阜民豐，康莊通達。就叫阜康吧！」

於是阜康錢莊開幕了！王有齡當然率領大小官員上門道賀，再加上張彪所帶來的清軍將領，成了阜康錢莊的最佳宣傳。而阜康對於窮人的借債，更是給予「免息」的優惠，這使得阜康錢莊很快在杭州城轟動了起來。

這樣的成功其中最重要的原因是胡雪巖的善於應酬，尤其是在清廷「養廉」規定下這些官員的存款問題。因為官員在錢莊的存款不得超過二千兩，然而誰會相信當官的不貪錢？那麼多出來的錢要放在哪裡？胡雪巖讓這些官員或是將領所得來的錢財有理想的安置場所，不但安全而且可靠。自然他們也樂於把錢送到阜康錢莊來。自此胡雪巖從一個小學徒，變成了人們口中傳奇的「胡大先生」。

這其中唯一不高興的人大概就是胡雪巖的老東家——三元錢莊的老闆了！自己店裡的大戶紛紛轉投阜康門下，令他十分不滿。於是他禮貌性地走了一趟阜康錢莊。

一入門內，就看到勤快的小學徒，四處奔波招呼客人。不但店內的客人得到很好的接待；連好奇走進來的路人也可以喝到一碗清茶。店內整潔明亮，讓人心情舒暢，自己的店是遠遠比不上的；雖然胡雪巖依然非常熱情地招待這位老東家，但這位老闆深深嘆了口氣，走出了阜康。沒多久，三元錢莊就結束了營業。

而杭州阜康錢莊的名聲，在口耳相傳下，更傳到了當時最繁華的上海灘。

胡雪巖，你在說什麼

生活智慧　胡雪巖注意到了傳統金融業的缺點：不舒適的環境、欠佳的服務態度，以及不通人情的制度。他努力加以改善，以讓人賓至如歸的環境、無微不至的服務，以及給予窮人同情和幫助，改變了金融業的形象，這些努力都是他成功的因素。對於我們而言，也應該時時檢討自己的缺點，不能因為習慣而放鬆。俗語說：「禮多人不怪！」當我們以客氣的態度，和緩的語調與人相處時，相信不會有人故意為難我們。而良好的人際關係更可以在各個層面中為我們帶來許多的好處。

「隨機應變」也要「堅定立場」

這天，阜康錢莊的總管事戚先生帶著胡雪巖渡過錢塘江，來看水稻的成長情形，以作為買賣田地的參考。正巧碰上連著幾天的大雨，水稻田都淹沒在雨水裡。胡雪巖交待戚先生留下看看農民損失的情形，也預先安排將來幫助農民借款的事宜，自己則是上了渡船。船到江水中央時，撐船的賴老三拿著錢袋子到胡雪巖面前：

「先生，渡江的錢！」

胡雪巖這才想起錢都在總管事的身上，於是客氣地說：

「對不起，錢不在我身上，可否下次補給你？」

「不行！」賴老三強硬地說。

「我真的沒帶！」胡雪巖也急了！

「不行！」賴老三一副要吃了胡雪巖的樣子。

這時一個十五六歲的小叫化子替胡雪巖付了十文錢：

「胡大先生，我借你！」

「你認得我？」

「誰不認得阜康錢莊的大老闆。不過，我可是要利息的喔！」小叫化子不懷好意地說。

胡雪巖說：「給你就是了！」

「我的利息，可是一天天累加的喔！」小叫化子笑笑地說。

胡雪巖雖然感覺到被威脅，不過他表情冷漠但堅定的說：「行！」

農村的水災災情十分嚴重，於是王有齡交待胡雪巖主持賑災的工作。胡雪巖便以賑撫局的身份下鄉發放救濟的糧食，這天來到了一個晒穀場。男女老幼各自帶著米袋或是籮筐，排著長隊，等待分到每人一斗的口糧。這時坐在高腳椅上的胡雪巖注意到了一個人，那人不是別人，正是借他十文錢的小叫化子。他在人群中擠來擠去，剛剛領了一斗，馬上又回到隊伍中排隊。

這時胡雪巖交待手下去準備一把剃頭刀，接著對排隊的人們說：

「你們聽好，該給的糧，不會少任何一兩。但是如果有領兩次糧的人，要剃去一

邊眉毛，領三次者，就把兩邊一起剃掉。」

　　不用說，小叫化子馬上離開了隊伍。由於這件事，賑災工作也變得格外的順利。而「胡大先生」的名氣也因此人盡皆知了！

「隨機應變」也要「堅定立場」

生活智慧

　　我們常說：「一文錢逼死英雄好漢。」而這一次可是差一點為十文錢而急死一代名商胡雪巖了！因為把錢全部交給了總管事，結果卻讓一位乞丐半威脅式地幫上忙。

　　雖然如此，胡雪巖卻沒有因此低聲下氣，反而用一種堅定的態度表現出自己的立場；即使後來遇到這位乞丐在人群中混水摸魚領糧，他也沒有藉機報復，而是用公平的方法處理。不但解決了這件事，也立下了良好的模範。

　　這說明了我們在面對任何事情時，除了思考解決方法外，也要保持自信的態度，知道自己的能力範圍；更重要的是一切按照公平的原則來進行，相信不管再困難的問題，也一定可以迎刃而解。

「爭取機會」才能「放眼未來」

胡雪巖指示總管事戚翰文到當時號稱「十里洋場」的上海，目的在於籌備上海阜康銀號的成立事宜。他對戚翰文說：

「從中國開放五口通商以來，上海就成了一個重要的碼頭。所有的借貸和存款，官員們私人的錢財，如果沒有一個穩定的銀行或錢莊，這些銀子勢必進入外國銀行的口袋。因此阜康在上海應該設立有規模的分號，這是刻不容緩的事情。」

最後在戚翰文的努力下，在上海商業區中成立了「阜康雪記錢莊」，在英租界的鄰近街道上成立了「阜康銀號」，而胡雪巖也動身回到了杭州。在王有齡的介紹下與陸氏完成了婚事，更接受他的建議，花錢捐了一個「候補道」的虛位官職。這一年已經是一八五二年，也就是咸豐二年。

這天正在慶賀胡雪巖任「候補道」的官職，一個衣著破舊的年輕人進了阜康錢莊。開口便說：

「恭喜胡大先生！不知道胡大先生欠我的錢可以還了嗎？」

胡雪巖十分疑惑地說：「我欠你錢？」

「您忘了我在船上借您十文錢，說好一天天累加，現在已經有十一年零四天了！您當時答應過的……。」

胡雪巖這時想起了搭船的往事，他停了一下便說道：

「你也欠我東西呢？你忘了嗎？」

這位年輕人驚訝地說：「怎麼可能？我，我欠您什麼了？」

「你還欠我一道眉毛啊！」「你什麼時候還我，我就什麼時候給你錢囉！」胡雪巖故意逗他說。

這時那位年輕人苦著臉說：「胡大先生，我知道錯了！我也改了！」

「好吧！我把錢算給你！多少，一百兩銀子夠不夠？」胡雪巖說。

「不！胡大先生，我今天不是來要錢的。我想在您這兒求個工作，希望您收留我好嗎？」

「喔！為什麼？你先告訴我你叫什麼名字？」

「我沒名字，因為頭上長過禿瘡，又沒錢剃頭，村裡的人都叫我長毛禿。」這年輕人指著自己的頭說。

胡雪巖想了一想，便說道：「好吧！既然我欠你十文錢，你就留下來吧！以後你就負責趕鋪裡的馬車吧！薪水由總管安排。」

於是長毛禿就留了下來，對於趕車他倒也內行，工作認真之外，又時常到廚房幫忙其他雜務。竟然成了錢莊中最勤勞的人，但「長毛禿」的名字沒改，比較資淺的人還常叫他「老常」。

生活
智慧

當商人的一個重要條件就是「遠大的眼光」。而這樣的眼光來自於對事物觀察的細膩，以及精確的思考。胡雪巖在觀察了上海的情形後，便決定了在上海發展的計劃，並且選定了商業發達的區域以及可以與外國人來往的租界地。這也奠立了後來阜康錢莊發展的正確方向。其實不只是商人，事實上在面對任何事時，「收集資訊」的能力與「放眼未來」的眼光往往決定了成敗。這也是我們必須時時培養的能力。

而對於「長毛禿」這個人，當時已有官職的胡雪巖大可不必理會他。但是胡雪巖還是信守自己的承諾，並且收留了他。我們也可以見到「信」字的重要。「信」這個字是由「人」和「言」所組成，所謂「人言為信」。這說明了人對於自己所說的話是必須要負責的；而「長毛禿」雖然曾經當過乞丐，也曾經做過不太光明正大的事情；但是他也把握了機會，爭取自己的未來。有了工作之後，更是全力以赴，對他來說，成功的日子一定不遠了！我們也應該隨時做好準備，一旦掌握了機會，更要加倍努力。

「爭取機會」才能「放眼未來」

「保持冷靜」才能「善用資源」

一八六一年（咸豐十一年），太平軍不斷進攻杭州城。此時身為浙江巡撫的王有齡心裡十分煩亂。最讓王有齡頭痛的就是糧食的不足，因為糧食的不足，已經使城內的軍民心情浮動起來，而王有齡想到能幫他的人就只有胡雪巖了！

「去找胡雪巖來！」王有齡大聲地對隨從說。

胡雪巖早早就把母親與家人送到了上海，這時一聽王有齡找他，急忙趕去。一進門便問：

「大人，找我可是為了糧食的事？」

「沒有糧食，大家都餓著肚子，情緒都不穩定了！」

「但是前幾次派人下鄉徵收糧食都無功而返。」胡雪巖皺著眉頭說。

「那該怎麼辦呢？雪巖你想想辦法吧！」

「我看只有我去一趟寧波買米回來應急了！趁現在寧波還沒被圍。」

「杭州就靠你了！」王有齡緊緊握著胡雪巖的手說。

於是胡雪巖孤身租了一條船，由杭州向寧波出發。幾天後就辦妥了糧食，分成幾十艘船準備進入杭州，哪知一到杭州灣，就被太平軍的槍炮逼的只能駛進三郎廟的山峽背後躲避。而此時的杭州城內，除了阜康錢莊早就把銀兩和米糧謹慎藏好外，其他的百姓早已餓到吃草根樹皮，甚至是皮革。最後王有齡只能下令殺馬，分馬肉給士兵吃，這時的杭州城可說是屍橫遍野。甚至有人開始割死者的肉來吃；不但沒有處理就生吃了起來，常常在割肉的同時，還會聽到「死屍」發出聲音：

「救命啊！我還沒死啊！」

「好痛啊！別割我啊！」但是還是難逃被分食的命運。

整座杭州城簡直成了人間煉獄！這時由忠王李秀成所帶領的太平軍抓到了一個投降的人，原來是錢塘縣令袁忠清。緊接著連布政司林福祥和杭嘉湖道劉齊昂也被抓到了太平軍的軍營中。不多久，隨

「保持冷靜」才能「善用資源」

從呈上一封書信，李秀成接了過來，仔細一看：

「……我不負朝廷，但負杭州城內外數十萬忠義士民耳！……望留我完屍，戒弗屠戮……。」原來是王有齡自殺後留下的遺書。

「唉！忠臣……。」李秀成嘆息地說。於是下令：

「速將王有齡、瑞昌等人入殮，由林福祥、劉齊昂將死者棺木護送至上海，其他百姓一律趕出城外。」

林福祥、劉齊昂運送棺木很快地離開了杭州，然而被趕出來的百姓卻在饑餓的狀態下，大都跳進了錢塘江……。

生活智慧

戰爭是人類歷史中最可怕的產物，不僅許多人因此失去生命，整個社會也會被破壞殆盡。太平軍對杭州城的攻擊，不但使胡雪巖的錢莊無法繼續營業，還毀掉了整個杭州城的建設，更讓不計其數的杭州人民失去了生命。胡雪巖也失去了最好的朋友與支柱──王有齡。如果一般人遇到這種情形，相信一定會像無頭蒼蠅一樣，不知道下一步該如何？胡雪巖的情緒雖然悲傷，卻沒有因此失去了該有的冷靜與思考。更應用手邊的資源來為自己創造最大的利益，也開啟另一條新的道路。

胡雪巖，你在說什麼

「保持冷靜」才能「善用資源」

「臨危不亂」才能「伺機而動」

面對混亂的時局，阜康錢莊的人早把銀兩收藏好，又把招牌打破，商量著各自回到自己家中。其中一位「先生」田志成問長毛禿：「你要到哪裡？」

「我不放心胡大先生，我要去看看。有一條我以前討飯時常走的小路，我想從那條路去找胡大先生。」

「既然你路熟，那我和你一起去吧！」田志成對長毛禿說。

於是兩人出了城門，沿著一條無人的小路來到了三郎廟，果然看見一批船隊停在對岸。長毛禿對田志成說：「你在這別動，我去看看！」便一個人跳入江中，忍著寒冷刺骨的江水，向對岸的船隻游去，不多久就到了船邊。

「誰？」船上的人發現了長毛禿，大聲地對他說。

「我不是壞人，我是胡大先生的人！」

這時胡雪巖也聽到了吵鬧的聲音，披著衣服從船艙中走了出來。長毛禿一見到胡雪巖，忍不住哭了出來：「胡大先生，您受苦了！」

胡雪巖連忙扶起長毛禿，開口問道：「你怎麼來了？」

長毛禿便把城中吃人的慘狀與居民被趕出來的景象，一五一十地說了出來。當他說到王有齡自殺時，胡雪巖胸口彷彿被重重地敲了一下，一時之間竟然說不出話來，淚水也跟著流了下來。胡雪巖完全無法想像這位阜康錢莊的貴人，竟然就這樣自殺過世了！想起這位知己好友、金蘭兄弟，胡雪巖整夜思緒紛亂，無法入睡。

王有齡既然已死，胡雪巖開始思考未來該走向何處？十一月二十五日朝廷命左宗棠帶領部屬接管浙江，現在已經駐兵在江西廣信。而一個多月前胡雪巖又是在他的批准下辦理糧台與轉運局事務，若能投靠左宗棠必定有前途。「況且我手中又有軍糧。」胡雪巖心中這樣盤算著。於是立刻連夜到廣信面見左宗棠。

　　「學生胡雪巖拜見太常大人。」

　　「免禮！聽說你在糧台和轉運局都相當有成績，現在四萬湘軍要往浙江救援，但軍糧一時無法備足，不知老弟可有辦法？」左宗棠急忙地問道。

　　胡雪巖一聽就知道軍糧之急已經造成左宗棠的困擾，這正是自己最好的機會，於是便順水推舟地問道：「不知道大人需要多少？」

　　「十萬石。」

　　「這是我份內之事，不知大人限我幾日把米送上？」

　　「十日如何？」

　　「如果大人急需，雪巖三天便能送到！」

　　左宗棠以為自己聽錯了！用不可思議的眼神看著眼前的胡雪巖，好一陣子說不出話來。心想：「難怪王有齡常誇他是有能力的奇人，果然不凡！」於是準備酒菜與胡雪巖好好喝了一頓，並且悄悄對胡雪巖說：

　　「曾國藩公曾說要奏請讓我擔任浙江巡撫，到時糧台局的事，還是要委派你呀！」胡雪巖聽了十分高興，而這也象徵阜康錢莊新局面的開始！

生活智慧

當我們面臨困難時，絕不能束手無策、坐以待斃。所謂「山不轉路轉，路不轉人轉。」只有靈活的頭腦才能在瞬息萬變的現代社會，掌握最好的機會，為自己開創一番新的局面。

043 ── 「臨危不亂」才能「伺機而動」

想吃到甜頭，請先給別人甜頭吃

胡雪巖用來載糧的二十艘貨船在第三天準時抵達，左宗棠親自到碼頭察看，不禁對於他的辦事能力十分佩服。一進了浙江，左宗棠便被任命為浙江巡撫，在糧食充足的情形下，不但俘虜太平軍的將領符天候羅音，更迫使太平軍退到金華。而在一次的炮擊中，因為炮彈誤擊外國人的居留地，引起英國人的抗議，這件事反而使左宗棠產生了新的想法，於是他馬上找來了胡雪巖。

　　「雪巖啊！糧餉之事，你辦的很好！但現在我打算派你進入寧波，替我和洋人取得聯絡，請他們協助攻打太平軍，你覺得怎麼樣？」

　　胡雪巖想了一會兒，並沒有馬上回答。用毛巾擦了汗，喝了口茶，這才不慌不忙地對焦急的左宗棠說：

　　「左公，聯絡洋人，不失為上上之策。他們的洋槍洋炮，就憑太平軍那些土槍土炮，只怕是小巫見大巫。但是洋貨的昂貴、付給洋人薪餉之沉重，只怕我們湘軍難以應付……。」

　　「那該如何是好？」

　　「只有買洋武器，用洋人訓練中國兵，這樣最後技術和裝備都是我們的，這樣子所花的錢就一點不吃虧！」

　　左宗棠聽完，不停地點頭表示同意，於是在七月的大熱天下，胡雪巖來到了寧波。在探過了當地的阜康銀號，交待了幾件事後，領了五萬兩白銀，帶著總管吳亦明往法國艦隊所在的寧波軍港前進。在翻譯人員和法國水兵的帶領下，見到了法國駐寧波的艦隊司令勒伯勒東。

　　在一陣寒暄並且送上給勒伯勒東的禮物之後，胡雪巖開門見山地說：

　　「太平軍雖然撤離了寧波，但是並未離開浙江，只要他們一天不被消滅，與外國的條約和五口的通商就受到威脅，貴國在中國的利益也會受到影響。湘軍左襄公（就是左宗棠）鑒於清軍的力量和武器無法在短時間內打敗太平軍，因此希望貴國提供我們的部隊一些協助。」

　　勒伯勒東開口問道：「胡先生，關於對你們的協助，你可不可以先提出幾個對我方有利的條款，我們再商量，可以嗎？」

「太平軍對於清廷和對於各國的威脅是相同的，即使對貴國也是一樣。因此我們希望可以組織一支中法混合軍隊，由司令您來提供貴國新式武器裝備，並且派遣有作戰經驗的校尉做為主力，全軍的軍事訓練請貴國派教官指導；而這支混合軍的指揮權則歸湘軍左襄公，戰術則由貴國任命將領指揮。」

「胡先生，聽說您是做錢莊生意的，相信您不會不懂我的意思吧？」

「您說的是關於經費問題嗎？」胡雪巖笑著說。

「您放心好了！如果司令同意這一份戰爭合約，我願意提供下列條款：一、貴國提供的武器，我方一律以白銀兌現；二、貴國所派遣的指揮官和軍人由我方聘用，待遇與清軍相同，額外補貼則由貴國負責；三、初建這支中法軍隊人數暫定為一千人，以後視變化增減。我想在貴國的支持下，這支部隊一定可以戰無不勝！」

「那不如就叫常捷軍吧！」法國艦隊司令高興地說。

胡雪巖思索了一下接著說：

「軍械的開支，都由阜康錢莊墊付，但有兩件事是很重要的：第一，教官必須具實戰經驗；第二，不論中法軍人比例多少，必須具備戰爭力，才可說得上是常捷軍。」

「沒有問題，如果參戰卻無法顯示我們法國軍隊的實力，法國的長槍大炮無法展現殺傷力，這是非常沒有面子的，這一點胡先生可以放心。」

於是雙方擬定合約，常捷軍的指揮官由駐寧波法國艦隊軍官德克碑和法籍寧波海關稅務司日意格出任正副司令；招募洋兵和槍炮的購買則由日意格負責，而德克碑則與寧波府台衙門聯合募集洋槍隊士兵。

一個月後，二百多名法國洋兵和裝滿武器的軍艦一起進了寧波港口，招募工作也陸續完成，於是就在港口進行訓練，這期間雖花費了八十萬兩，但阜康錢莊卻也從中得到四萬兩的佣金。

左宗棠得知常捷軍順利的建立，心裡頭高興得不得了，因為他建立洋槍隊的用意並非只在對付太平軍，更在於和淮軍將領李鴻章角力。在胡雪巖為左宗棠盡心盡力之時，他卻不知自己正要走入一場巨大的政治鬥爭之中。

生活智慧

在清朝末年，由於長期的閉關自守，中國的科技遠遠落後世界各國，在與各國的利益爭戰中，我們往往是「啞巴吃黃連，有苦說不出」的一方。雖然如此，在面對本身的內亂「太平軍」時，左宗棠想到了為何不反過來利用外國人的方法；然而他只想到利用外國人作戰，卻沒有想到更一步的意義，胡雪巖卻想到了！一樣地提供金錢、一樣地請外國人協助作戰，但胡雪巖的方法卻可以使我們得到想要的技術和裝備，這顯然是比較有利的。

不過胡雪巖也沒忘了「雙贏」的重要性，因此對於法軍也提出相當有利的條，更重要的是，阜康錢莊沒有意外地在這場合約中成了最大的受益者。這說明了不論處理任何事情，在獲利的要求下，仍應保持「雙贏」的前提，畢竟這樣才能創造最大的利益。正如一個古老的故事中：一隻黑狗和另一隻白狗要過同一座獨木橋，兩隻狗分據在橋的兩頭，這時若有一隻狗肯先讓步，不但對於自己沒有任何害處，大家也都可以完成目標（過橋）。但是故事中的兩隻狗卻因為互不相讓，最後落得一起掉到河裡的命運。朋友們，學習「雙贏」的意義，千萬不要當那互不相讓的黑狗、白狗。

也要「用之於社會」「取之於社會」

一八六二年（清同治元年）中秋前後，中法混合的「常捷軍」與清軍張景渠部隊合力攻克餘姚，收復處州，奪回縉雲。這天，天空下起絲絲小雨，左宗棠正在帳篷內思索進攻的路線，侍衛官進來報告說：

「報告大人，有兩頂轎子進了衢州！」

「哦？知道是什麼人嗎？」

「一位是原浙江布政使林福祥大人，另一位是原浙江提督米興朝大人，現正在會賓樓宴請本地富紳。」

原來是之前太平軍忠王李秀成所派去運送棺木的兩人，左宗棠一聽，馬上板起了臉大聲地說：

「馬上把這兩人綁來，說是我的命令，順便把那些富紳一起帶來！」

不多久，那兩人便被帶到左宗棠面前。一見到他們兩人，左宗棠再也忍不住怒氣，一拍桌子，連桌上的杯子都掉到地上摔個粉碎，用打雷一般的聲音說：

「大膽叛賊林福祥！在杭州被圍困的時候，你竟然不顧百姓死活，向敵人投降。又聽從敵人的命令，運送王有齡大人之靈柩到上海，你還有臉宴請賓客？」

「而你米興朝身為提督，在杭州城危急時，不但不帶兵抵抗，反而讓士兵像土匪一樣搶劫百姓，然後等百姓失去求生的希望，只能坐以待斃時，你再帶著部下和搶來的錢財逃走！」

「左公！這是誤會啊！」兩人渾身發抖地說。

「多說無益！來人啊！把這兩個人拖出去斬了！」左宗棠看也不看他們一眼地下命令，兩人也就很快地被拖出去斬首。

而眾鄉紳在看到林、米兩人的下場時，個個都嚇破了膽。對於左宗棠接下來提出的協助湘軍的要求，自然是沒命地點頭答應。

此時的胡雪巖正在廣信收取稅捐，自從他負責江西的糧台轉運後，所收的稅款已經足夠償還常捷軍的軍火和僱兵的費用，但湘軍的軍費則還在努力；於是左宗棠建議他在浙江設一個「釐金局」，所謂的「釐金局」就是對於來往運送的貨物加以抽取貨

物稅，抽取的方式是「二起二驗」（也就是貨物若值一百元，則必須抽取九元的稅。）胡雪巖另外考量了運送範圍的不同，在小範圍內的運送則採取「一起一驗」（就是值百抽四點五）。而這一工作自然還是交到了胡雪巖的阜康錢莊手中。這下子浙江的稅收都匯入阜康，第一批捐納的人，就是那些參加宴會的富紳。

不久，清廷賜給法國司令勒伯勒東「浙江總兵」的官銜。在三次攻打紹興後，終於在一八六四年（清同治三年）二月二十四日，在浙江布政使蔣益澧與廣西左江鎮總兵高連陞聯合「常捷軍」的圍攻杭州下，太平軍比王錢桂仁率兵投降，被佔領二年三個月的杭州又重回了清朝手中。然而清兵一入杭州，竟也搶劫掠奪，如同土匪一般。等到左宗棠到了杭州，接到了加封他為太子太保的聖旨，再下達官兵不得搶劫財物、姦淫婦女的禁令時，杭州城早已是一片悽慘的景象了！

胡雪巖在處理完「釐金局」的事務後，馬上興高采烈地回到杭州，哪知一入城門，看到的竟是一片殘破。等到走到自己一手創立的阜康時，見到的是破落的門面，連櫃台都被撬走。他眼裡含著眼淚，繼續向內廳和銀庫走去，這時卻聽到有人叫他：「胡老闆！」

原來是學徒方克勤。胡雪巖說：「你們受苦了！總管宓先生呢？」

方克勤引著胡雪巖繞過破牆，「你們看，誰來了！」

錢莊總管宓文昌一見胡雪巖，眼淚激動地流下來，兩人都有恍如隔世的感覺。連同宓文昌只剩下五個人，再加上先前去找胡雪巖的長毛禿和田志成，錢莊裡還有五個人下落不明。還好宓文昌先在一面牆裡藏了六十萬兩，保留了阜康的實力。而胡雪巖也交待這筆銀子要用來安頓店裡的人、修復店面，更重要的是，做為恢復杭州的經費。這對於胡雪巖而言，是義不容辭的事。

經過長時間的戰爭，杭州城終於重回清廷的手中，然而卻已是一片狼藉，不堪入目，在胡雪巖的眼裡，他的心中更是感到悲痛。於是在戰爭中好不容易保存下來的金錢，他毫不猶豫地決定投入重建，這是一種愛鄉的情感，更是一種「取之於社會，用之於社會」的心情。

今日社會中往往可以見到許多大企業家投入公益活動，幫助許多有需要的人。不但使社會問題減少，更使社會充滿一種溫暖和諧的氣氛。俗諺所說的「吃果子拜樹頭」，就是這個道理。這不只是有許多財富的人要去做的事，對於每一個社會中的一份子來說，這是共同的責任。

生活智慧

「取之於社會」也要「用之於社會」

誰說奸商不做善事？

離開了阜康錢莊，胡雪巖來到了省撫台衙門，一進門就看到左宗棠高興地向他一邊走來，一邊說著：

「釐金局佈置好了？可真辛苦你了！」

「這杭州城你看了嗎？」左宗棠接下來難過的說。

「滿地的屍體竟然兩年了都沒有人掩埋，初步估計，光是路面上的就有五萬具，更不要說其他投井的、跳河的，或是有人埋葬的。」

胡雪巖心裡想著這些收殮屍骨、安頓流亡的工作，現在只有自己有能力辦到。再加上王有齡還留下六萬兩的遺產在阜康錢莊，何不把錢用來做這些積德之事？於是主動的說：

「大人，我應該負責這些杭州城的善後之事，義烈王有齡大人尚有六萬兩在我錢莊，如果不足，我阜康錢莊會全力支持。」

左宗棠鬆了一口氣地說：「你能把這個撫卹的善事做好，我一定奏請朝廷，為你請功！」

第二天，胡雪巖立刻貼出告示，內容主要是招募工人製作棺木、收殮屍體、掩埋屍骨等事，並且說明一口棺材二兩銀子；收殮一具骨骸銅鈿（類似銅錢）十兩；扛運並且掩埋一具棺材銅鈿二十串。在大家的惻隱之心以及白銀的吸引下，收埋屍骨的工作進行的十分順利，一部份的屍骨葬於西湖南北兩山，名為「義烈遺阡」，其他大大小小的墳墓共有二萬二千多座，棺木共用了十一萬餘口，胡雪巖本人更捐出了一萬餘兩銀子。城中最大的墳塚由左宗棠以周穆王南征，一軍盡沒，君子為猿為鶴，小人為蟲為沙的故事，命名為「猿鶴蟲沙」，以供後人追思。

杭州城雖已恢復，但大家的心情，包括胡雪巖在內，都十分低落，因為戰後的難民們誰家有糧食？就算有糧販進城，價格之高卻也沒人買得起。當時的米價一升甚至高達二千銅鈿！胡雪巖看在眼裡，一方面派人到寧波買糧，一方面在佑聖觀、清波門等五個地方辦了五個粥廠，糧食一到，便大開粥廠，提供糧食，使窮人能得到些許的溫飽。雖然期間有人散發對胡雪巖不利的流言，但是胡雪巖仍然不改他的態度。

　　這天左宗棠找了胡雪巖來，一開口便說：

　　「杭州收復以來，你立了許多功勞，尤其是首開善舉辦了粥廠，可說是急公好義。」左宗棠一邊說一邊指著一個兩人抬的小轎。

　　「現在衙門送你這頂小轎，我再把兩個有官銜的轎夫送給你，請他們『帶銜為民』，他們兩人的抬工可是無與倫比。」

　　胡雪巖急著說：「兩個做官的人抬我，這我可受當不起啊！」

　　「你的官可是比他們高。別說這個了！我今天找你，其實是有幾件事想聽聽看你的意見。」

　　「現在收殮屍骨的事已經進行的差不多，我考慮設賑撫局、收養難民、招商開市，這些都需要錢，看來都要麻煩你了！」對於這個吃力不討好的工作，左宗棠邊說邊注意看著胡雪巖的反應。

　　胡雪巖終究是個商人，他知道這是個推不掉的差事，他立刻在心中盤算著這件事的利益如何，他馬上得到了一個數字，於是笑著開口說：

　　「這些有益於地方的事務或工程，對於雪巖而言也是應當要擔負的責任，對於左公的交待，我當然是恭敬不如從命。」

　　「那經費怎麼辦？省庫不是空了嗎？」左宗棠懷疑地說。

　　「省外的糧台和轉運局可以供應湘軍的糧餉；本省受災戶可以由釐金局撥款資助，而對於鄉紳的勸捐可以供給恢復市井的開支。」胡雪巖充滿自信地說。其實真正的原因是在阜康恢復後，大量湘軍將領戰爭中所得的錢財，以及由太平軍手中得到的資財一定會存入阜康，光這些錢的利息就可以養活一個難民局，而這些錢初步估算便至少有三百多萬兩。杭州的恢復便在這些金錢和胡雪巖的努力下逐步進行著。

俗話常說：「無商不奸。」但事實上這只是對於商人精於計算的形容而已。胡雪巖也是個商人，但面對自己家鄉的戰後復原工作時，他充分利用了他精於計算的能力，很快地處理好安葬亡者的工作。中國人常說：「入土為安。」，對於死者最大的安慰就是妥善地安葬他們，對無力為親人收殮的亡者家屬而言，這也是他們最期望看到的。

此外，最令人討厭的莫過於趁火打劫的人了！昂貴的米價對於才剛從戰亂中活下來的難民而言，可說是再一次的打擊。胡雪巖運用自己的能力，開設粥廠，活人性命，可說是功德無量，也難怪左宗棠要贈送他轎子和轎夫了！

誰說奸商不做善事？

小財不出，大財Blue

長毛禿在杭州戰後，被派任為監管轉運，從此之後，人變了！服裝也變了！換上了長袍，搬運工人都叫他常先生，時間一久，誰記得長毛禿的綽號？當然對於莊內的事務，他的確出了不少力。這天他和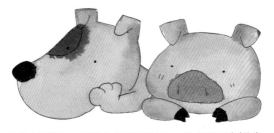田志成押收釐金局的稅款到了阜康，胡雪巖向他問起了釐金局的情況，他仔細地報告了一遍，最後說到了一件事：「幾個縣的鄉紳大都願意捐納，對於所提的數字也沒有意見，只有一家特別不合作。」

「哪一家？」胡雪巖問。

「就是紹興的張廣川大戶，怎麼說也不捐，而且還說了一些亂七八糟的話……。」

「他說了什麼？」胡雪巖這時也動了氣。

「說清軍跟太平軍一樣，都是專門欺負大戶。」

「你再到紹興一趟，去找一個張保五，知道嗎？」胡雪巖板著臉說。

「他本來是張廣川的帳房。你叫他通知張廣川，就說他『犯案』了！」

長毛禿雖然不明白胡雪巖的用意，但還是答應照辦。當天晚上，胡雪巖宴請所有同仁，並且正式宣佈長毛禿升為先生，成了名副其實的常先生。隔天，常先生就到紹興去了！

第三天，胡雪巖帶著轎子和轎夫到了紹興。下船之後，兩人抬的官轎直奔張廣川的家。此時張廣川正為了「犯案」的事擔心，一見官轎到了！心中更是害怕，全身抖個不停。寸步難行地走出門去迎接胡雪巖：

「胡大先生辛苦了！快請屋裡坐。」

此時胡雪巖像平時一樣寒暄說：「最近生意還好吧！」

「還好！」張廣川像是洩了氣的皮球，有氣無力地回答。接著吞吞吐吐地說：「胡大先生，我能不能……拜託您一件事……。」

「什麼拜託不拜託，我們大家都是生意人，就直說吧！」

「我⋯⋯您也知道的，戰爭之前曾經賣了幾件槍給土匪，也跟一些綠林人物結拜過⋯⋯。」

「這又怕什麼？」胡雪巖裝作不知道的問。

「有人告發了！這可是滿門都要受牽連的事啊！天啊！怎麼辦？我完了！」張廣川像是要崩潰了一樣，說著說著就哭了！

「別急，你的事我一定要幫。」胡雪巖說。

「就等您這句話，無論什麼條件都行！」張廣川像是看到救星一般。

「我今夜回杭州，明天上衙門，用『以錢贖罪』的方法來平息這件事。」

「那我該準備多少錢？」

「放心，十萬兩大概就夠了！巡撫大人那裡我再去說一說。」胡雪巖說。

「那這事就要仰仗您了！」張廣川擦了擦眼淚說。

「我盡力而為，但我勸你一件事，為了表示你的改過，以後的善舉你就要多出面了！」胡雪巖故作正經地說。

「這是當然了！」

胡雪巖，你在說什麼

「好吧！如果三天內有人來取錢，你就沒事了！」胡雪巖說著就離開了。

張廣川跪下來，對天祈禱。

胡雪巖回到杭州，誇了常先生一番，並把這件事的原因告訴他，最後再交待他說：「你不要自己去拿這十萬兩銀子，以免他識破；況且日後你還要向他勸捐，我看就由我的轎夫去做這件事吧！」他接著把轎官張保和李文才叫來並且叮嚀說：

「去紹興張廣川家，就說事情已經辦妥，速交十萬兩銀子。為了避嫌，胡先生不便出面或附上信件。你二人穿上軍衣，拿了銀子就回來。」

兩人到了張家時還未天亮，不過那張廣川早已因擔心而好幾天睡不著覺了！一見到門口有清軍，簡直快嚇壞了！但硬著頭皮還是開了門。直到張保兩人說出來意，他才像放下心口的大石一樣，把銀兩拿出來交給兩人。笑著說：

「另外有一千兩是孝敬兩位軍爺的，而地上這口箱子就請替我給胡大先生，以表達我對他救命之恩的感謝。」

張保兩人冷冷地說：

「胡大先生那裡我們替他領你這份情了，這些銀兩你留著做些善事吧！」

十萬兩銀兩順利地運回了杭州，胡雪巖贈了兩人各一百兩銀子。這時嘉興的「胡記當舖」二掌櫃張得法忽然來了！雙唇發顫地說：「賠錢了！讓人騙了！」

長毛禿的努力終於得到了肯定，再也不會有人叫他長毛禿了！現在的他可是實實在在的「常先生」了！可見得「有志者事竟成」，我們應該共勉之！

生活智慧

　　張大戶跋扈的態度令人討厭，但是「人在做，天在看」，他曾做過的惡行，畢竟有胡雪巖知道，於是胡雪巖跟常先生一起演了一場戲。不但讓他把錢拿出來，相信他以後一聽到要捐錢，一定會一馬當先的。從這件事我們也可以知道，在處理事情時，有時必須要利用柔性或間接的方法，正面衝突反而無法把事情辦好。我們也應該以張大戶的事為戒，「勿以善小而不為，勿以惡小而為之」，要知道很多事是「一失足就成千古恨」的呢！

060

胡雪巖，你在說什麼

「將計就計」化危機

嘉興是在三月二十五日被清軍收復,胡記當舖便趁著秩序混亂時開始營業,正如胡雪巖所料,不少搶劫來的珍貴東西都被當了進來,而且幾乎都成了「死當」(也就是逾期沒有人來贖回去的典當品)。過了贖當有效期後,當舖就能將當品拍賣,利潤也增加了好幾倍。

一天下午,嘉興有名的無賴張臘子帶了一支「鼎」來到店裡,他小心地把鼎送進櫃台窗口:「喂!當這個。」

張得法捧到手裡一看,陶鼎上有幾排蝌蚪般的文字,這可是件古代文物呢!這時張臘子又說了:

「不用看了!我讓別人看過了!這可是道地的商朝寶貝喔!」

「這是我家裡地下挖到的,就當個二百兩吧!多了,我也贖不起!」

張得法在這行也做了好幾年,雖然不能說是精通,但他直覺這東西可能是稀世寶物,也許會是有史以來第一次發現,況且就這朝代就值幾千兩了!但他還是裝做面有難色地說:「二百兩……。」

「少一文我就不當了!拿來!」張臘子口氣很硬。

張得法雖然沒有把握,但還是收下,寫了當票,標明當期一個月,給了張臘子二百兩紋銀,張臘子拿了銀子,大搖大擺地走了,正巧古玩收藏家夏友齋老先生來贖畫,張得法抓住機會說:

「夏老先生,有件古物請您看一看。請往後邊來。」

夏友齋一進店內,看了一看這件「商鼎」,沒有多想便說:「假的。」

張得法這時急了,忙說:「您再仔細看一看!」

「假的。商朝是銅鼎,陶鼎是新石器時代的東西,特徵是腹圓,有兩耳三足。商朝的鼎都是收口,哪來的開口?你肯定上當了!」

張得法慌了!二百兩銀子的當票存根清清楚楚,萬一胡大先生知道了,一定會丟了飯碗,不如及早自己「負荊請罪」,於是便帶著鼎來到杭州。

胡雪巖聽了覺得二百兩事小，但就這樣被騙豈不令人恥笑？於是安慰張得法說：
「沒關係，生意就是有輸有贏，你先回去，我兩天後就去。」

當晚胡雪巖命人依照張臘子的假鼎造了一隻泥做的鼎，再帶著兩隻鼎到了嘉興，
接著搭轎子來到胡記當舖。張得法忙將胡雪巖接入後堂屋中。見到胡雪鼎手中的兩隻
鼎，心裡十分疑惑，正當要問時，胡雪巖告訴他：「張先生，你馬上替我邀請嘉興的
文化名人及各級官員，就說當舖開業六週年，宴請各位名流共賞商代陶鼎，請他們大
駕光臨……。」

張得法聽了這些話更加不懂，但還是照辦。胡雪巖又交待到菜館叫十桌菜，就擺
在後院。到了傍晚，各界賓客如雲，都歡聚在後院。除了十桌的客人外，還有許多聞
風而來的客人，等著看這鼎的熱鬧。其中在暗處，站著的正是那位張臘子，他心中暗
自嘲笑胡雪巖為了這件假東西，竟然如此大費周章。

胡雪巖首先說：「諸位來賓，謝謝各位的支持，胡記當舖才能經營六個年頭。今
天我要將最近收進來一件有三千年歷史的商鼎給各位欣賞，來表達我的感謝。」

這時張得法從後廳捧著這件古物小心地走下台階，此時在大家的掌聲、驚嘆聲和注目的眼光下，他竟然從石階上摔下來，當場把鼎摔個粉碎。這時全場一陣驚呼，大家都啞口無言。胡雪巖先是一陣驚訝，接下來淡淡地說：「也許古人發怒了吧！不論如何，下次還有機會，我還是先敬一杯，感謝大家的支持。」這天雖然大家是盡興而來，卻都是帶著遺憾而去，只有一個人嘴角帶著笑容。

第二天，胡記當舖一開門，張臘子就上門了！拿出當票伸入櫃台。

張得法接過當票說：「小兄弟，不要贖了吧！」

「爲何不贖？老子有的是銀子，難不成東西不在了？如果是這樣，我就要你賠！」張臘子用一種得意的態度大聲地說。

張得法很快地把銀子收下，便拿出了那隻假鼎，送到窗口說：「小心點！破了不負責啊！」

張臘子這下糊塗了！不是摔破了嗎？仔細看這隻鼎，沒錯！是自己拿來的鼎。他忍不住地問了：「你們不是摔破了鼎嗎？」

張得法這時冷冷地說：「是啊！不過不是你的！」

張臘子只得摸摸鼻子，自己轉身走出去，畢竟是自己「偷雞不著蝕把米」。但張得法還是對在櫃台後的胡雪巖說：「胡大先生，銀子是回來了！但也讓您多花費了十桌酒席……。」

胡雪巖說：「有什麼關係？就當開慶祝會吧！這樣以後也不敢有人拿假貨來當了！只是以後你收當要小心點，知道嗎？」

胡雪巖接著說：「從這一次的事件，我想到了一件事，我們的票面上所印的月利是『百抽十』，我想要改成三種不同的當票。來路不明的月利應該加收到百分之二十，而且進價要壓低，富戶的臨時困難，就抽百分之十；至於眞正的窮人，則只要抽百分之五就好了！」

「現在你去製造三套木板，印三套當票，到全國各省，把這些新的規定公布下去。」胡雪巖接著把「當舖分布冊」交給張得法。

「我一印好樣板，就分送各處，也把大先生的意思交待下去。」

這一項作法，馬上使全國的典當業受到影響，尤其是小當舖。當年就倒閉的小當舖不下數十家，可是胡雪巖的典當業卻大大地發展，吸引了許許多多的貧困者。

生活智慧

無賴張臘子想用一口假鼎來騙取二百兩銀子，幸好在胡雪巖的妙計下，他自己反而被將了一軍，自食惡果，這說明了「惡有惡報」。從這裡可以看到胡雪巖反應的快速，他用的方法就像三國時代諸葛孔明的「借箭」一樣，是一種「以其人之道還治其身」的方法。借力使力，既挽救了當舖的損失，更建立了當舖的形象。而他想出三種不同典當利率的方法，更扭轉了典當業的一貫條例，最重要的是，在賺錢之餘，他仍然關心窮人的生活，這是很值得學習的。

「將計就計」化危機

做善事要有方法

這一天胡雪巖乘著小轎往難民局去，火辣的太陽下，坐在轎裡的胡雪巖感到十分不舒服，他暗自想著：

「小轎雖然方便，但看來有些寒酸，到了夏天，坐在裡面就像是烤箱一樣，哪裡像在享受……。」他決定要換轎。

一進難民局所在的昭慶寺，總辦沈良德就急著對他說：

「有些麻煩的事正等您決定怎麼辦呢！」

「本來是善舉，卻引來了麻煩！剛開始收容四百五十二個人，後來又收了湖州來的三百多個。可是來認領孩子的大多數是亂認，不管是不是，領了就走，我們還沒弄清楚，人已經被帶走了！」沈良德說。

「把大門關上！」胡雪巖非常生氣。「現在沒父母的孤兒有幾個？」

「領走了七個，還有一百二十三個。」

這時剛好有一個賊頭賊腦的中年男子走進來，對沈良德說：

「我來領孩子。」

胡雪巖馬上丟過來一張紙：「寫上姓名、哪裡人、幾個孩子、孩子的大名小名、怎麼走失的、男的女的……。」

「我不識字，不過我一見孩子就認得……。」中年男子說。

「你貴姓？哪兒人？」

「姓張，湖州人。」

胡雪巖聽了暗笑，明明口音就是安徽人，怎麼會是湖州來的？他對沈良德使了個眼色，便說：「好吧！跟我們去認孩子吧！」

到了後堂，胡雪巖問道：「哪個是你的孩子？」中年男子回答說：「我的是個女孩子。」接著拉著一個十二、三歲的女孩，說：「快跟我回家，妳媽想死妳了！」

胡雪巖沈著臉說道：「等一下！」接著拿起了登記冊，對女孩說：

「妳是黃桂花吧！哪裡人？爸爸媽媽呢？」

「我是杭州仁和人，爸爸媽媽都死了！」女孩流著淚說。

胡雪巖安慰一下女孩，看了這中年人一眼，把他帶到辦事處。帳房劉先生一眼認出了這個人：「你又來了！」

胡雪巖再也忍不住，大聲地說：「你領過幾個女孩子了？趁火打劫的人口販子，賣了多少女孩？到衙門去說！」接著就把這位中年人送進了大牢。

回到難民局，胡雪巖對沈良德說：

「凡認領失散孩子，今後必須登記，然後對照孤兒名冊，兩者相認無誤後，才可領走。如果是『領養孩子』，則必須由保甲（像是今天的鄰長或里長）證明，有店舖和地方士紳作保，才可領養。如果有欺騙者，一律嚴懲！否則我們就是害了這些孩子被推入火坑啊！」

生活智慧

　　戰亂之中總有些為非作歹的人，那些在戰亂中失去父母的孩子已經很可憐了！竟然還有人口販子為了個人的利益，把這些孩子推入火坑，這是胡雪巖最不能忍受的。因此，對於這些人，胡雪巖是絕不寬貸的。我們今天的社會也是如此，不論是山地女孩的被賣或是走失的孩子，不但他們的父母悲傷；對於這些無辜的孩子而言，這樣的遭遇和人生更是不公平的，這需要你我以及社會共同的努力去改變。

069 — 做善事要有方法

別讓客人垮臺

這時布政使蔣溢澧派人來請胡雪巖，他是左宗棠的部將，多年征戰有功，現在見到各項復原工作都有進展，惟獨市景依舊蕭條，特別請胡雪巖來商議良策。

胡雪巖一聽，馬上提出他的看法：「以雪巖所見，市井的繁榮全靠資金的流通，店面雖然有了，但店家們的財物早已被搶劫光了！」

「那有什麼辦法嗎？」

「有，現在由阜康提供低息放款，可以避免有些投機份子從中放高利貸，這樣就可以盡快幫助商家開市，再派人挨家挨戶勸導，不多久一定能改善。」

「低息？」蔣溢禮疑惑地問。

「沒錯！」胡雪巖堅定地說。

許多的老商店正因為沒有資金而煩惱，沒想到一向為官方做事的阜康錢莊自願低息貸款，每個人都非常高興，不到幾個月，杭州城又恢復了從前的繁榮。而阜康貸出的款項二十萬兩，正好是浙江釐金的收入款項，阜康又從中得到了不少收入。而胡雪巖也因為這一次的復原工作，成了左宗棠心中的得力幫手，他上奏朝廷，除了報告重建情形，也為胡雪巖美言，並希望給胡雪巖賞銜。而有「老佛爺」之名的慈禧太后，看到胡雪巖在「借洋兵助剿」和在復原工作中的努力，就賞了胡雪巖一個「按察使」官銜。

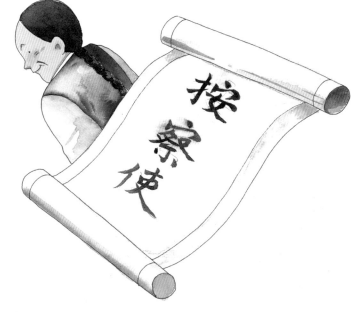

生活智慧

　　胡雪巖給予商家的低息貸款，在別人眼中也許看來是不划算的，但事實上，錢莊的金錢來自於商家的存款與借款利息，若商家不存在了，錢莊如何存在？正如同「唇亡齒寒」的故事一樣，兩者缺了對方是無法生存下去的。對於商家的優惠，其實是對未來的投資。

「反客爲主」才高竿

胡雪巖當了按察使，胡家熱鬧了好幾天。胡雪巖也趁這個機會與他的妻妾們過了幾天輕鬆的日子。這天胡雪巖找來了張保和李文才，對他們說：

「從今天起我暫時不坐轎，你們替我找工匠租個地方製作新的轎子。要做兩乘『四人抬』，另外再作十幾乘小轎，款式不同、顏色要特別。我的要綠呢大轎，能透風能保暖，行嗎？」

「這有什麼難的？我畫個圖樣，包您冬暖夏涼！」張保說。

「另外再找些壯丁，成立一個轎班，就由你們兩位管理。如何？」

「是！」兩人異口同聲地回答。

這時上海的總管戚翰文來找胡雪巖，說有件急事要請胡雪巖親自去一趟上海，見一位洋行老闆，談一筆大生意。

秋天的上海灘林立著許多高大的樓房，洋人的汽車在馬路上穿梭。遠遠聽到喇叭聲，大家都會馬上閃到路邊，以免被撞上，被洋人撞上可是無法索賠的，因為清廷對於這些洋人只有懼怕而已，根本不可能向洋人理論。路上只有幾個流浪的小孩，不知死活地追著車子大叫：「哈囉！哈囉！」

胡雪巖與戚翰文走上階梯，一入門，就有四、五個洋人起身拍手歡迎這位中國著名的銀行家，而這時的他不過三十八歲，但老成的個性讓他不輕易流露感情，言談中也自然有一股威嚴，面對洋人也沒有一絲害怕的感覺。

「你好！胡雪巖先生。」怡和洋行的大班波斯烏先生透過翻譯員說。

「很高興見到你！」胡雪巖一邊和他握手，一邊也透過翻譯員客氣地回禮。這位波斯烏曾是丹麥領事，不過這只是他多重身分的一種，大部分時間，他們不過是勾結政客的商人。波斯烏首先開口說：

「胡先生，我想跟您談一筆生意，我們除了茶和絲的生意外，希望可以和先生做一次紋銀的生意。」

「請說。」胡雪巖淡淡地回答。

「因為一般中國商人和我交易是『以貨易貨』，對於紋銀並不肯輕易脫手；但我國內又需進口白銀進行調劑，因此希望可以向貴錢莊借貸五萬兩紋銀，不知先生意下如何？」

「可以，但不知大班如何……。」胡雪巖試探性地問。

「用貨交換，用布，在中國叫洋布，我用洋布與你交換五萬兩紋銀。」大班直接地說。

「但洋布在中國的銷路並不穩定，經常在下降，價格方面如果依照原來的價格，只怕這筆生意是難以成交。」胡雪巖也不迴避地說。

「胡先生，我給你的布當然會降低價格。」

「如果是如此，我們明天就由戚先生與貴洋行經辦人再進行具體商談吧！」

「希望我們可以合作愉快！」大班笑著說。

出了洋行，胡雪巖二人進了餐館，邊吃邊聊。

「洋布是有銷路的，但是利潤恐怕不高！」戚翰文說。

「老戚！任何事都是從『一』開始，一千一萬都是。只要有利潤，這樣的生意就值得做。」胡雪巖說。

「況且我覺得這件事讓我有新的想法。現在英國要進口茶和絲，因此

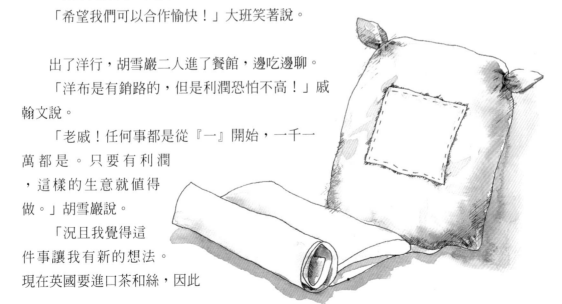

我們要馬上在武漢、福州等港口設立阜康錢莊，來爭取金錢的流通；此外，這幾年的戰爭使得山上只有野生茶樹，我們應該僱工來大面積栽種茶，春天就能收茶，包裝外銷；最重要的，我們要投入利潤最高的白絲生意。」

「第一件事由你去辦，與大班的生意明天談定了就交代別人，你帶可以信賴的兩個人去武昌、福州設立分莊；開山種茶的事，我打算交給常先生，務必使這些茶農的茶都掌握在我們手中。回杭州時，我們請教內行人，順路再把湖州的新鮮蠶繭都收購下來，一定有很大的利益。」

與洋人往來的開始，是胡雪巖事業拓展的另一階段。大部分的人與洋人做生意時，往往只在乎生意是否做成，忽略了某些可以由中國來主導的部分。胡雪巖不同，在生意做成之外，他更注意到可以獲取更大利益的方法，與其把中國所生產的茶與絲交由外國人來處理，不如由我們自己來處理來得更有利益。所謂「智者創造機會，能者利用機會，弱者等待機會」，胡雪巖接下來的成功，將再次證明他獨特的眼光。

而他所說「任何利潤都是從一開始」的想法，更是值得我們借鏡。不論做生意、讀書、做事，甚至做人也是如此，一步步踏實地做，才有接下來豐收的果實。所謂「聚沙成塔」、「集腋成裘」的道理就是如此。王羲之寫黑了一池子的水，才有他的書法成就。「金字塔不會是一天造成的」，如果只是好高騖遠，那將永遠沒有成功的一天。

胡雪巖，你在說什麼

奢華是失敗的開端

這一天胡雪巖吃完了早飯，僱了一輛車往「恰泰絲經行」這家由中國人開辦的絲行去，老闆龐雲繪是南潯十二家族之一，比胡雪巖小九歲，自十五歲就開始學習絲業；但因能力過人，與合夥人往往無法長久合作，現正為了資金頭痛，也許是煩惱過度，看起來竟比胡雪巖還來得年長。

　　一見胡雪巖進來，簡直就像上天掉下一個財神爺，而胡雪巖也正需一個懂絲的人，兩人可說一拍即合，便相約到上海知名的酒家「雅君書寓」會談。

胡雪巖喝了一口酒，便說到了正題：

「我記得有副對聯說：『不遭人忌是庸才，能受天磨眞好漢。』你現在的處境正好符合這對聯啊！」

「我跟人合夥，他分了利潤還眼紅，怕我懂得太多！算了！我還是自己做。」龐雲繪生氣地說。

「何必？今天我找你就是爲了這件事。」胡雪巖認眞地說。

「我們相互做了不少生意，但就是沒有一起合作過。我佩服你的能力，希望我們可以在絲的生意上合作。我的想法是：你出技術和人力，我出資本。其次，中國生絲的產地在浙江、廣東、江蘇三省。湖州又是最大的生絲集中地，因此我們的第一步就是把杭嘉湖，起碼湖州的新鮮蠶繭全部吃下。」

「好！我們的想法不謀而合。我先敬胡大先生一杯！」

「那這件事我們就定了！純利潤各佔百分之五十，等簽約後，一切就按約定辦事！」胡雪巖喝乾手中的酒，高興地說。自此，中國第一的銀行家，也投入了絲的事業。

一八六五年（清同治四年）五月二十日，胡雪巖請來三位土木工程設計師，準備大興土木建造大宅，並且把杭州鼓樓元寶街的圖紙攤在桌上。這些設計師一看都嚇了一大跳，其中一位開口說：

「此地原是宋朝丞相王朝文的宅邸，如果再按圖把整條街道連接在一起，工程十分浩大，不如照原本的建築改建或修整如何？」

「如果我要原拆原建就不必勞煩各位了！我已經買下這片土地，不論多少

費用，我只求滿意，希望有中國特色又結合西方技法。我的二十四個妻妾雖然是住同一條巷子，但是必須各自曲折有獨特之處：內外裝飾不褪色的琉璃瓦、漢白玉石鋪小橋、名家設計的假山怪石。我母親和子女的居室、廳堂、帳房、下房及接官廳等，都有勞各位費心了！」

「請三位來共同負責的目的是希望能為我邀請全國建築、園藝名家，只要能令我滿意，所有花費在所不惜。」

於是這三人遍訪全國，請來了一流的名匠，參觀各地，費時數月完成設計圖，包括每一個細部設計都不放過。胡雪巖整整花了近十個小時才看完，最後在三五○萬兩銀子預算後批了八個字：「銀兩不限，以精為美」；在佔地面積七畝的圖紙上了批了八個字：「地畝不計，求全為妥」。

這些字把名匠們嚇壞了！連慈禧太后都不曾批過「不限、不計」。於是他們在胡雪巖的全力支持下，開始動土了！

生活智慧

「由儉入奢易，由奢入儉難。」對於胡雪巖而言，如此奢侈地運用金錢來建造一座大宅院，似乎是一件並不需要的事。但是胡雪巖終究如同其他有錢人一樣，生了喜歡賣弄金錢的毛病。想要過更好的生活是人類共同的希望，這是沒有錯的；但凡事都有過與不及，胡雪巖建造胡氏大宅這件事便是做的太過了！而他不知道的是，這件事也成為導致他最後盛極而衰，逐步走向失敗的一個原因。

「出奇制勝」得人心

這一天，胡家正在慶賀胡老夫人的生日，戚翰文急急忙忙地來見胡雪巖。兩人進了小客室，戚翰文就迫不及待地說：

　　「阜康在福州設了分莊後，茶商在我們莊裡貸款的人不少。總計約有八十多萬兩，借期都不超過三個月，但現在快到期了，貸款卻可能收不回來。」

　　「什麼原因？」胡雪巖疑惑地問。

　　「往年茶商把茶葉運到福州後，外商一般在滿十萬箱時就可開盤（拍賣）；可是他們今年卻變了！說要等四十萬箱才開盤，而且放出風聲每箱要減五兩銀子。您說，茶商的貸款有辦法還嗎？」

　　胡雪巖一邊聽一邊思考外商的手段，終於他問口說了：

　　「我們何不把運到福州的茶葉全部吃下來？」

　　戚翰文高興地拍了桌子說：「和我的想法一樣。外商的目的在迫使茶商廉價出售；如果他一斤中國茶都收不到，不但失掉了生意，可能還要賠錢。我們只要收進茶葉，他們就由主動變成被動了！到時他們勢必向我們高價收回，否則他就要破壞銷售合同，連老本都要賠進去。」

　　胡雪巖說：「說得好！如果英國人對中國茶的進口只能達到往年的十分之一，那麼他們已經運到中國的鴉片和棉布勢必無法進口中國，到時他們一定損失慘重，這筆生意我們一定可以做！」

　　於是戚翰文立刻趕回福州，租下碼頭的倉庫，以原價收購了已到的二十多萬箱茶葉。左手付出收購款，右手馬上把貸款的本息收回。這時換成英國商人慌了！他們還不明白是誰跟他們過不去，一打聽才知道茶葉是被中國商人胡雪巖給全「吃」了！

　　處於被動的他們只好找到了戚翰文：

「請問為什麼我們準備收購的茶葉，都被你們買去了？」

「對不起，大班先生，收購本國茶葉應該不限你們外國人吧？」戚翰文輕鬆地回答。

「那麼你們要銷往何處？」

「目前尚未決定。」

「既然沒有買主，我們是不是可以向你們購買呢？」

「當然可以！」

說話的外國人急了！大聲地說：「我們可以以物易物，我們帶來了棉布和藥品（鴉片）。」

戚翰文故作為難的說：「可是，洋布和洋藥的生意可是不比往年喔！坦白說吧！洋布已經出現了抵制，再說洋藥在中國官方來說仍是禁藥，而且價格也逐年下跌。反過來說，茶葉倒是在國際市場上越來越暢銷，這和以前可是不一樣的哦！」

戚翰文繼續說：「如果各位真有誠意的話，就接受以下的條件：一、貴國的洋布必須每疋降價五兩；第二，洋藥的進口稅每擔就要三十兩，我們的收進價該如何，這生意實在很難做，這一點請你們提出合理的價格；最後，我們的茶葉讓給你們的價格必須每箱增加二兩。」

英國人還沒聽完已經搖起頭，這不等於搶錢嗎？他們遠渡重洋就是為了「發財」，中國商人竟有這麼厲害的一招，他們雖不願認輸，卻想不出什麼辦法。這時戚翰文說：「各位不同意，那只好抱歉了！」

英國商人快快不樂地回去。但幾天後，生意還是成交了！英國人無可奈何，而阜康僅茶葉一項的利潤就得到了四十萬兩銀子。

阜康與洋人打的這一場「茶葉戰」獲勝的消息，傳遍了各地，不但在中國人的心中建立了形象，也讓一向自傲的洋人不得不佩服。

生活智慧清末的外國商人在中國，幾乎都進行著要什麼就有什麼的剝削。中國商人雖不滿，卻沒有多少能力反抗。而胡雪巖卻在同樣不利的條件下，打了一場漂亮的仗。讓一向佔盡優勢的外國人，也陰溝裡翻船了！這裡又再次見識到胡雪巖眼光的正確和犀利，而其部屬戚翰文的盡職和努力，也表示了做為老闆的胡雪巖，給員工一種願意為他賣命的感受。做為一個領導者，學習如何帶人帶心是非常重要的。

化小愛爲大愛

盛夏的杭州，連空氣都是混濁的，每個人都感到昏昏沉沉。但更糟的是，瘟疫在杭州蔓延開來了！左宗棠為了這件事緊急派部屬到胡家送上「急帖」，請胡雪巖立刻到衙門會議。胡雪巖才剛走進門：

「大人！找我有何指示？」

「還不為了瘟疫！各地軍營的告急文書都來了！幾天內死了好幾百人，你說該怎麼辦？」左宗棠苦著臉說。

「這病太可怕了！我提議請杭州的名醫明天到這裡來商議，並且推請浙江名醫一起到南大街醫學署，一切由我來辦。」胡雪巖正經地說。

於是各大名醫都聚在一起了！胡雪巖便舉辦了會議，先讀了幾篇告急文書，並將過去的局方（官方藥方）放在桌上：

「各位，救命如救火。請各位分析這次的病因，在局方的基礎上對症下藥。希望可以製成一種既可控制瘟病蔓延；又可挽救生命的藥，這樣不但便於服用，也易於運送。」

名醫袁先生開口說：「我看了局方，在『瘟病』的配方中，加減不同的藥量則產生不同的效果，我們可以藉此做成多種中藥。」

胡雪巖高興地說：

「我十分贊成，在局方的基礎上，製成三種急用的丹散，防瘟病的就叫『辟瘟丹』、供給軍隊的就叫『行軍散』、那治療疾病就叫……。」

「就叫『八寶紅靈丹』吧！」袁先生說。

另一位很久沒說話的潘鳴泉先生開口說話了：

　　「這種辟瘟丹的名稱是由胡大先生首創，就叫『胡氏辟瘟丹』，而我們的行軍散不妨就叫『諸葛行軍散』；八寶紅靈丹的名字就不必改了！」

　　「但現在最重要的是經費和採購的問題！」袁先生說。

　　胡雪巖說：「包在我身上，就由袁、潘兩位先生負責，只求各位先生盡心盡力，各位的酬勞，絕對不會虧待。」

　　胡雪巖接著來到了「春江樓茶館」，這是藥佁、藥商、失業藥工的集散地。他一坐下，那些藥業工人都為了看這位傳奇人物而靠過來，於是胡雪巖開口說道：

　　「各位願意到醫學署去工作嗎？現在醫學署需要採辦藥材的人，請各位願意去工作的，都到署裡來。依照各自的能力得不同的薪水。」

　　原來胡雪巖早已料到採購人力將會不足，因此為幾位名醫找了協助採購藥材的人員。這時胡家老管家闖進了醫學署，找到胡雪巖哭著說：

　　「不好啦！先生，快回去看大少爺！他傳染了瘟疫，被人抬回來。」

　　胡雪巖頓時感到天旋地轉，逞強地說：

　　「快去派轎子來！」就直奔胡府。而十二位老醫師也跟了過去。一進門，就聽到一陣哭聲，胡雪巖十九歲的孩子已經斷了氣。袁古農沉重地說：「典型的傷寒，準備後事吧！」

胡雪巖的淚水再也忍不住，最像自己的大兒子去了，就像是從胡雪巖的身上挖走了一塊肉，胡雪巖虛弱地跪了下去！袁、潘兩位先生把胡雪巖扶出來，勸他說：「現在活著的人的健康，就是對死者最大的哀悼了！」

　　胡雪巖面無表情地安排著兒子的後事，很快地入殮。這當然是為了怕繼續傳染給其他人，左宗棠也到胡府來慰問，但被胡雪巖以瘟疫的傳染為理由請回去了！胡雪巖交待把茶葉的利潤六十多萬兩送到醫學署，他下了決心要和害死兒子的瘟疫搏鬥。

生活
智慧
　　對於瘟疫這個人人聞之色變的可怕怪物，胡雪巖採取正面對抗的態度，為了所有人的健康，他不吝惜投入金錢，而他靈活的頭腦更提前想到了人力的補充。然而上天並沒有給他好的回報；相反地，卻帶來了他兒子的死。胡雪巖有權利怨天尤人，但他沒有。他選擇了承受，選擇了凝聚更多的力量來對抗。這種愈挫愈勇的精神，是十分可佩的。

「差不多」其實「差很多」

這一天，轎夫抬著胡雪巖來到了醫學署。胡雪巖下了轎覺得不太對，院子裡靜悄悄地，往日的熱鬧景象不見了！甚至沒有人出來迎接。進入製劑室，只見潘鳴泉和袁古農兩位先生皺著眉頭站在那裡，連工人們都停下了手邊工作。

「最要緊的一味藥竟然出了問題，買藥的人卻不認帳。」袁古農說。

採購王逸德大聲地說：「我奉命買來五百條四腳蛇。可是袁先生硬說這是假貨，這不是冤枉人嗎？」袁古農接著生氣地說：「你這四腳蛇是在天竺山採來的嗎？」「這地方的蛇是金背白肚，你買來的這批都是灰色的。」

「它總是四腳蛇吧！」王逸德說。

「胡說！」袁先生火了！「任何一種藥材，都受所生長的環境影響，形狀相同但藥性卻完全不同。我們的辟瘟丹就是要用天竺山上的金背白肚四腳蛇，否則就是騙人！騙人！懂嗎？」

胡雪巖一開始還不完全了解為何這件事這麼重要，等到聽了袁先生說的話，他才完全理解。他雖然並不是一個常發脾氣的人，但此時卻是怒火中燒，對著王逸德一字一字地說：

「你知道錯了嗎？你多延遲了一天，你知道有多少人死在你的手裡嗎？」

「限你三天內，把五百條四腳蛇買齊，而且由採藥工降為火頭工；如果再誤事，就交給三班六房行刑問罪。」

可憐的王逸德三天內哪能買齊五百條四腳蛇？還好天竺山上的農家都留有一些這類的藥材，他才撿回一條命，回去後進了灶房，成了火頭工。

而「胡氏辟瘟丹」也終於製成了！胡雪巖在看了新藥，並且喝了一劑後，交待說：「馬上印製幾百萬個『胡記辟瘟丹』的小袋子，並且僱二十個人，每人穿上前面繡有『辟瘟丹』，後面繡著『胡』字的背心，其中十個人在車站碼頭分發辟瘟丹；另外十個人則將辟瘟丹交給曾國藩和左宗棠的軍營，請他們發給受災的老百姓，這個工作交給沈良德先生，並且要做好長期打算。」

瘟疫就這麼奇蹟似地被控制下來了！而胡雪巖也成了人們心中的「活菩薩」，更有了藥王的名號。

生活智慧

大家都讀過「差不多先生」的故事，王逸德也犯了同樣的錯誤，他忘了他的工作是十分重要的，千千萬萬人的性命就掌握在他的手上，他個人的延遲，不但耽誤了製藥的工作，也使得瘟疫的情形沒有辦法提早控制；他也犯了不夠誠信的錯，這是胡雪巖最重視的事情，難怪他要受到責罰。

不只是製藥，我們做人也是如此，如果凡事都抱著這種僥倖的態度，不但事情沒有辦法做到完美，我們的個性也會因此變成懶散、不專心。因此要事事要求自己，踏踏實實地面對每一件工作。

「愛國」與「牟利」不衝突

這一天左宗棠找了胡雪巖來，語重心長地對他說：

「根據現在的情形，浙江的戰事雖然結束了，但是這一次的戰爭讓我體會到，無論是各種技術或是設施，我們中國都遠遠趕不上外國。因此，我們要推行洋務活動，學習外國的先進事物；否則中國就沒有出頭的一天！」

胡雪巖回答說：「左公，我也有同樣的想法，不如……。」

沒幾天，一艘鐵皮做的小火輪在西湖上慢慢前進，不時發出汽笛的聲音。左宗棠和胡雪巖微笑看著水面上的小火輪，這是胡雪巖請人仿照外國輪船的原理製造出來的。原來胡雪巖向左宗棠提出了造船的建議，左宗棠同意他的看法，但是希望能夠多找一些專門人員，聽聽他們的想法。於是胡雪巖租船北上到上海，找到了曾經在之前的戰爭中合作過的洋人德克碑和稅務司日意格。三人在密室中談妥了相關的問題，對這三個人來說，「有利可圖」是三個人共同的目的，而這一個目的顯然可以在這一次的合作中達成，因此三個人都感到非常高興。隔天，德克碑和日意格就隨著胡雪巖到了杭州，這時左宗棠已經等在門外，一見他們兩人就開口說：

「辛苦了！兩位。」

「哪裡的話，前幾年我們一起攻打太平軍，您可是總指揮呢！有什麼問題，就請總督吩咐吧！」德克碑和日意格異口同聲地說。

「不急！不急！先吃晚飯再說！」左宗棠哈哈大笑地說。

晚飯過後，他們來到了西湖濱，這時檢校官們把小火輪點上了油燈，放進了湖裡，在「嗚嗚」聲中緩緩前進。這時左宗棠開口說：

「這就是我找你們來的目的，中國要振興，一定要學習洋務。我打算在福州設立造船局，其中最大的問題就是技術，希望貴國給我們技術上的幫助。」

「沒有問題，更何況我們曾和胡先生有過良好的合作關係。」德克碑說。

「愛國」與「牟利」不衝突

於是船政局初步的計劃談妥了！更重要的是，胡雪巖在這些經驗中發現了一個道理，也就是努力幫助當政的要員，並且用實際的成績取信於有權力的人物，再靠他們的影響力來大做生意。而對胡雪巖而言，這位充滿愛國意識的左宗棠，正是他佩服和依靠的對象。不知不覺中，胡雪巖也養成了一種「既愛國、又圖利」的雙重態度。

這時的胡雪巖也在設想著要在全國設立更多的阜康錢莊，於是找來了宓文昌來商量。宓先生想了一想，給了他忠告：

「胡大先生，所謂『一步錯，步步錯！』如果太急著推展我們的錢莊，而沒有良好的規劃，只怕會得到反效果！我們和其他錢莊的競爭，不管是國外或國內的，都還是難分難解。如果在這時候分散了錢莊的力量，勢必有不好的結果；不如在港口設立錢莊，而在北京收款，我們阜康一定成功。」

胡雪巖笑了！因為他的看法也是如此。於是他給宓文昌一個計劃：在杭州增設阜康錢莊；在寧波增設銀號，叫通裕；錢莊改名叫通泉；福州的錢莊更名叫裕成；漢口的錢莊更名叫乾裕。

兩天後，宓文昌便帶著這個計劃往上海出發。這時胡雪巖與德克碑、日意格兩人，也就福州船政局的問題進行談判，不但進行的十分順利，雙方也定下了五年的計畫和預算。不多久，福州船政局就像一部巨大的輪船開始啟動了！日意格和德克碑正式被任命為正副監督，有了官位加身，兩人也就更加用心投入。船政學堂也招收了四十位學員，並且開始上課；洋人技師和技工也陸續來到中國，在馬尾山下準備設置廠房，也開始培訓五百多名的中國工人。

造船的機器正從國外運來，而被左宗棠任命擔任船政大臣的江西巡撫沈葆楨，也調集官員來負責各個單位。而這些經費的支出，當然是來自於胡雪巖那井井有條的裕成銀號。

我們都知道生意人是「在商言商」的，如果沒有利益，他們不可能會投入人力和財力。胡雪巖心中雖然有報效國家的想法，也想替自己的貴人左宗棠出一番力，但是這樣的想法還是建立在「有利可圖」的前提上。而他也利用這一點來吸引德克碑和日意格兩個外國人來幫忙；否則對外國人而言，他們巴不得中國越弱越好，這樣他們更能夠取予求，怎麼可能反過來幫助中國呢？這是胡雪巖身為商人的智慧；然而他這種「雙重性格」也是他未來失敗的原因。

任何事情是以「利益」為前提時，所有的約定和關係都是十分脆弱的，一旦對任何一方的「利益」有影響時，這些約定和關係馬上就會消失的無影無蹤，這是值得我們好好思考的！

給敵人留一條活路

胡雪巖忙了幾天，終於有時間回到家中。休息了一晚，正準備吃早飯時，管家老戚已經等在門口，開口說道：

「大先生，常先生昨天來找您，好像有急事……。」

二話不說，胡雪巖搭著八人大轎直奔龍井，一下了轎，看到滿山滿谷的採茶姑娘在一排排的茶樹間穿梭採茶，伴隨著好聽的山歌，這景色不禁令人心曠神怡。再往上走，一位婦女遠遠看見胡雪巖，急忙笑著迎接：

「大先生來了！快請屋裡坐！」

這位就是常先生的新婚太太，這還是胡雪巖做的媒呢！她本是個難民，戰爭過後也無家可歸，胡雪巖就替她做了這門親事。一方面是同情她的遭遇，另一方面也是獎勵這些年不斷努力的長毛禿，為了報答他的恩情，兩夫妻也盡心盡力地在龍井為胡雪巖管理茶園。

「您嚐嚐新茶！」小媳婦端上一杯茶給胡雪巖。

「嗯！好茶！」胡雪巖忍不住讚嘆。

這時常先生也從門外走進來，喘著氣，喝了一口茶，迫不及待地開口說：

「大先生，看到轎子我就知道您來了！現在我們從採茶到裝箱都學會了！只是還有兩件事需要跟您說。」

「哦！什麼事？遇上麻煩了嗎？」胡雪巖問。

「首先是炒茶的事，龍井的茶有『明前茶貴如金』的稱號。但是如果茶炒不好，別說貴如金，只怕連石頭都不如，但現在會炒茶的人卻沒幾個。」

胡雪巖也覺得這件事很麻煩，想了一下，便開口對常先生說：

「現在趕快去找有經驗的炒茶好手，請他們到各家各戶去傳授，並且給他們重金獎勵。」

「那不就是茶農學技術，但是我們花錢？」

「把眼光放遠一點，老常！茶炒得好，最大的獲利者可是我們呢！」胡雪巖笑著說。「另一件事呢？」

常先生忽然皺起眉頭說：「就是那個賴老三……。」

「哪個賴老三？」

「就是那個在錢塘江上，您沒帶錢，他還一直要的賴老三。」常先生紅著臉說。胡雪巖馬上想起當時的情形，指著常先生說：

「哈哈！就是『十文錢，利息每天翻一翻』囉！」

小媳婦在一旁不好意思地瞪了常先生一眼說：「虧你還說得出，不害臊啊？」常先生回嘴說：「大先生就是欣賞我的『每天翻一翻』！」

「他又怎麼了？」胡雪巖開口問。

「還不是為了過江的事？窮人簡直過不了江。那天我要運一批木料，他怎麼說就是不給上船，最後用三倍的價錢才談好。哪裡知道他第二次就不運，結果現在還有一批木材還沒運過來。」

胡雪巖想起了當年在江中央時，賴老三那副要錢的惡形惡狀，更想到一條錢塘江竟然就把兩岸的百姓和資源隔開了！於是他心裡有了打算……。

他不再多問這件事情，只是交待常先生去安排聘請炒茶高手的細節。然後就搭上轎子回到了城裡。晚飯時，他請來了地方上的檢校官、老進士以及鄉紳一起晚餐，並且討論了「渡江難」的問題。大家雖然都感到困擾，卻也提不出什麼具體的作法，這時胡雪巖開口了：

「多年來賴老三兄弟經營一個渡口，對往來的人如此蠻橫，一到江中央就一副凶神惡煞的樣子。因此許多人就只住在對岸，竟然一輩子沒見過杭州的模樣。原因何在？就因為沒錢！而農民的辛苦成果，也沒法進入杭州。我建議我們大家一起做一件能使後人受益百年的事，我個人捐出十萬兩，其他各位自己決定。一起設一個『義渡局』，由官方來管理，渡口就設在觀音堂，名稱就叫『錢江義渡』，不論人員貨物，

一律免費。這樣各位覺得如何？」

這一席話得到了很多的迴響。從官員到地方士紳，出錢出力，不久便成立了「義渡局」，而「錢江義渡」的工作也順利展開了！

沒多久傳來一個消息：賴老三自殺了！！而胡雪巖也很快地知道這個消息，等到檢校官王郁清上門找他商量對策時，他便對王郁清說：

「你去看看，如果真救不活了！就送他一口棺材，安排他的後事；如果救活了！就送他們兄弟去龍井，當我收購站的工人。」

王郁清心想，這兩兄弟真好運，丟了一個「銀飯碗」，就來了個「金飯碗」。顧不得吃飯，便馬上到了渡口。幸好賴老三他弟弟賴老四發現得早，才把他救活了！等到王郁清一到賴家，賴老四氣呼呼地說：

「你們來做什麼？人都被你們逼死了！都是你們官府逼出來的。」

王郁清板起臉來說：「你給我安靜點！官府設義渡難道是為了逼你們？」

「你只知道自己的飯碗，難道不知道別人也有飯碗要照顧嗎？」

「那你叫我們怎麼活？」兄弟兩人苦著臉說。

「等你哥恢復了，你們就到胡大先生在龍井的茶葉收購站去，薪水可不少啊！」王郁清和氣地說。

賴老三說：「胡大先生就是胡雪巖吧！那老四我們還是別去了！」

「為什麼？」賴老四問。

「你記得有個渡船的人沒帶錢，一個叫化子替他墊了十文錢嗎？那人就是胡雪巖。」賴老三沮喪地說。「我們得罪過他，還是別去了！」

王郁清這時說：「可是他也得罪過你們啊！」

「怎麼可能？」賴家兄弟一臉疑惑。

古人說：「唇亡齒寒」。也就是說明了唇與齒相互依賴的關係。胡雪巖想要從事茶葉的生意，茶農是最直接，也是最重要的合作對象。因此胡雪巖告訴常先生說，要把眼光放遠一點，對我們這個日新月異的時代來說，這種遠大的眼光是十分需要的。

賴老三在渡江時的嘴臉，胡雪巖是見識過的。對於這種不公平的惡行，胡雪巖向來是十分討厭的；但是我們可以見到他處理事情時的冷靜和周詳，不直接針對賴家兄弟，而是取得官方和地方上的共識，才開始處理這件事。更重要的是，並沒有因為個人利益，而是站在大家的立場來考量，因此也得到了所有人的支持。

而最後賴老三鬧出自殺，胡雪巖也並沒有抱著幸災樂禍的心情，反而是給了賴家兄弟一條更好的出路，所謂「得饒人處且饒人」，凡事都該給人留下一點餘地。做人也是如此，如果處處咄咄逼人，不但對方沒有下台階，對自己而言也沒有什麼好處。對一個人生氣和有報復的心是很容易的；但是，如果能夠「寬恕」別人不是更好嗎？

胡雪巖，你在說什麼

士別三日，應刮目相看

賴老三背著行李，氣喘吁吁地來到茶山，準備到收購站報到。一進房子，看見川流不息的工人們，他看了一下便開口問道：

「請問哪位是常先生？」一個木工說：「在旁邊庫房裡。」

一進了庫房，見到了一位穿著長袍，頭載瓜皮小帽的人，他仔細一看，這不是長毛禿嗎？他馬上笑著對這位常先生說：

「你不是長毛禿嗎？小子，你混的不錯嘛！」

這時的常先生臉色非常難看，連眼光也變的十分冰冷而銳利。他抬頭問：

「你就是賴老三？」

「怎樣？老子奉縣老爺的命令來工作的，你別神氣！」賴老三驕傲地說。

常先生早就不滿賴家兄弟這兩個船霸了！他還記得以前討飯時曾因「逃票」，被賴老三丟進江水裡，要不是被同船人相救，哪裡會有今天？

「縣老爺又怎樣？你也不看看這是誰的茶站？」

「哼！狗仗人勢！」賴老三心想，這長毛禿不過是個沒爹娘的小無賴，竟也成了個「先生」？自己還得在他手下做事，聽他命令，這口氣如何也嚥不下去。這時小媳婦走了進來，問道：「吵什麼？」

賴老三一股氣沒處發，於是大聲吼著說：

「一個臭要臉的有什麼了不起？還在我面前稱『先生』。我看那胡雪巖也是瞎了眼……。」這時手指一指，正好指到了從外面走進來的胡雪巖。

「幹什麼？」胡雪巖板著臉說。「你知不知道你在跟誰說話？這是常先生。記得嗎？是常先生！」

「還有，我的確是瞎了眼，所以才會把你弟分配到義渡局吃公家飯，把你分配到這裡領我的薪水。」

「不！胡大先生，您別生氣！我是個粗人，不會說話，我錯了！」賴老三連忙低著頭道歉。胡雪巖看也不看他一

眼，大聲地說：「要道歉，向你們的總管道歉！」賴老三連忙彎腰向常先生賠不是。

「聽說你也種過茶葉？」

「那是住山區的時候了！別說種茶，屋內炒茶，我只聞味道就知道好不好了！火候、手法、外形，不是吹牛，這可是我獨門工夫呢！」賴老三說。

「好！我就讓你去指導各家各戶的質量和炒茶，如何？」胡雪巖說。

「那我也是先生了？」

「不！常先生努力了四、五年才當上先生。你必須好好做，至少要能寫字能算帳，如果再像今天這種態度，只怕你一輩子成不了先生。你今後就跟著常先生，聽他的指揮，可以嗎？」

「沒問題，我跟長毛禿是老朋友了！啊！對不起！是常先生。」賴老三一臉不情願地說。

「另外，對於這位常先生的太太，你也要一樣尊重。」說完，胡雪巖就先離開了！

生活智慧　俗話說：「士別三日，刮目相看。」昔日的小叫化子長毛禿，今天已經變成身穿長袍，管理千畝茶田的常先生了！而賴老三卻沒有體認到這個事實，還是用一種輕視的態度，所以胡雪巖用嚴厲的語氣教訓他。這除了告訴即將成為胡雪巖員工的賴老三，什麼是工作的規矩和態度外；也是對於常先生這位員工的肯定。畢竟如果身為老闆的胡雪巖自己都不能夠尊重常先生，那麼別人又如何能夠做到？

拉抬別人也是拉抬自己

回到城裡時，轎子因為途中飄下來的雨水而變重了！不但使轎夫的負擔加重，他們身上也溼的分不出是雨水還是汗水。胡雪巖一下轎便對他們說：

「快到客廳把外衣脫掉，不然會生病的。」

進了廳裡，胡雪巖對張保和李文才兩人微笑著說：「你們倆跟了我好幾年，可不能凍壞了！」這時張保吞吞吐吐地說：

「大先生，其實我們有話想跟您說。」

胡雪巖聽了笑著說：「有話就直說，別扭扭捏捏像個女孩子！」

「我們倆存了點錢，想捐個官職……。」

胡雪巖聽了一怔，一個抬轎的要做官？他不能理解地問：

「你們是不是不想做了？想離開？」

張保兩人急忙地說：「不是的，大先生給我們這麼高的薪水，又對我們很好，就算是您要趕我們走，我們打死也不會走。只是雖然能抬您我們都覺得很有面子，但如果我們能有個一官半職，也不枉伺候您這麼多年……。」

胡雪巖想了一會兒。這時安靜的氣氛讓張保和李文才有些後悔，對自己身為一個轎夫卻想做官的想法感到不好意思。哪裡知道胡雪巖接下來開口說：

「這事我來替你們想辦法！我替你們兩人分別墊上二百兩。再替你們寫封保舉信，你們去福州找左大人，求他老人家恩賜。」

兩人一聽，高興的不知該說什麼好。其實胡雪巖認為轎夫中有兩個帶官銜的人，對他而言是一種精神上的滿足，也可以在官場、商界和洋人面前展現他的實力，何樂而不為？

兩人帶著三千五百兩銀子到了福州，這時對於左宗棠而言，正是替他解決了軍餉和船政局的經費問題，當然十分高興。於是給了李文才「七品縣令」，給了張保「九品雜佐」。從此兩人也成了「老爺」，在家裡有丫鬟泡茶送水；但每天仍然到胡府當差。「以官抬官」，也稱得上是奇聞了！

生活智慧　　轎夫也能當官？這恐怕是千古奇聞吧！但是在胡雪巖身邊發生了！這除了是正好遇上這種機會外，也要歸功於胡雪巖對待屬下的寬大。然而這裡也可以看出胡雪巖有一種對於優越感的追求，這也是他性格中旳一項缺點。畢竟「滿招損，謙受益。」一杯倒得太滿的水終究是會溢出來的，過於炫耀自己的成就最後會帶來不好的結果，這也許是我們應該引以為戒的。

攀權附貴是把兩面刀

上海的戚翰文來到胡府，胡雪巖在廳裡跟他聊天。

「外邊怎麼樣？」

「寧波、福州、漢口的分號都按時開業了！而且收入很不錯！」戚翰文高興地說。「但是有一件事很奇怪……」

「哦？什麼事情奇怪？」

「北京的阜康銀號開業不久，就來了一位顯赫人物指名要找您，並且要求當面跟您會談。他說：『我是奕訢』（就是光緒皇帝的叔父），我一聽嚇了一跳！不知道是真是假？」

「那我真的要走一趟了！他是道光皇帝的第六個兒子，他找我一定離不開跟銀兩有關的事！」胡雪巖若有所思地說。

「別忘了帶些禮物！」戚翰文提醒胡雪巖。

於是胡雪巖挑了一對商代的鼎、一塊雞血石、兩幅明代書畫和五十兩印度白土（就是鴉片），帶著戚翰文到了北京。先到善化會館（外地官員到了北京的招待處）吃了晚飯，問過了王府的位置，便來到奕訢的居所。

「杭州胡雪巖拜見軍機大臣。」

「胡先生，請進！」在隨從的引導下，見到了奕訢。

「學生胡雪巖叩見恭親王。」胡雪巖說著就跪下了！

奕訢連忙拉他一把，說道：「免了！免了！快坐吧！」胡雪巖這時便奉上所帶來的禮物給奕訢。「小小禮物，不知大人喜不喜歡？」

「哇！雞血石！啊！祝枝山（與唐伯虎齊名）的畫！哎呀！這是印度大土呀！」奕訢愈看愈是喜歡。「你可真費心啊！」「其實早就聽說阜康銀號是你開的，北京分號一開張，我就去了！因為我有點事想要找你幫忙。」

胡雪巖，你在說什麼

「我呀！有些錢放在府裡不方便，想放到你銀號裡去！」

「您放心，放到阜康比放到國庫還保險，尤其是利息……。」胡雪巖說。

「我不要利息，只要你把錢替我管好！只是……你們的帳目和我的存摺是怎麼記法？」原來奕訢也是為了朝廷「養廉」的問題。

「明帳都是記兩千兩。」

「不錯嘛！你很能替別人著想啊！那你也要替我著想喔！」奕訢笑著說。

「其實是希望您替我著想。」胡雪巖認真地說。「您存的越多，我的實力就越雄厚，這些錢不但可以對商業流通和百姓的週轉提供幫助；我阜康的名聲也可以更大，所以是您幫了我的忙！」

「不知道您想存多少？」

「五十萬兩！」

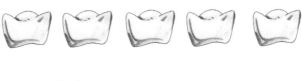

「能公開的呢？」

奕訢想了一下說：「幾家王府都存了五千兩。」

「好！存摺上和明帳都寫五千兩。我另外給您開張莊票，隨時可以兌現其他的錢。如何？明日我在阜康恭候大駕，您派誰來，我都照此辦理。」

奕訢笑了！離開了王府，在回家的路上，胡雪巖也笑了！

隔天一早胡雪巖就到了北京分號。這時外面有一位陌生人找他。

「我是胡雪巖，您找我？」

「我自我介紹，我是文煜，刑部尚書協辦大學士。」

胡雪巖心想，又是一個為了存款而來的人了！

於是對北京分號的方克勤說：「快請文煜大人進內室，奉茶！」並且又偷偷對戚翰文說：「你留下來，等奕訢送款，記住，別讓他們兩人碰到面！」說著就進了內室。

攀權附貴是把兩面刀

胡雪巖忽然想起，不如把文煜帶開，就不怕奕訢忽然出現。於是提議到會館欣賞他帶來的古董。誰知一出門，奕訢的人正好送銀兩來，幸好奕訢本人沒有來，胡雪巖鬆了一口氣；不過眼尖的文煜已經看到了禁衛軍派在奕訢王府的統領。戚翰文這裡則是接下了銀子，開立了存摺和莊票，總算是處理好了！

　　兩人到了會館，文煜說話了：

　　「雪巖啊！我也存了一些錢，但是不想在個人儲蓄上有什麼問題。我想知道其他官員在你這裡的存款是怎麼存法？」文煜嚴肅地問。

　　胡雪巖心中明白了！於是他笑著說道：

　　「一切都由您自己定啊！」

　　「那奕訢怎麼寫？」

　　胡雪巖嚇了一跳！「此事雪巖一概不知。」

　　「別瞞我了！恭親王的護衛官不是來了嗎？」

　　「您的眼力令人佩服，大人！今後阜康可就要靠您了！其實我這次來京，早就想拜訪您了！」胡雪巖說著拿出一幅立軸。「這是要送您的。」

　　文煜一看，不得了！這是他最愛的明代山水畫。一高興之下，便坦白地說出了來意，當然也是為了存款的事，於是胡雪巖說出了和奕訢相同的方法，文煜一聽，十分高興，就說：「那我決定存五十萬兩！」於是一百萬兩不聲不響存入了北京阜康銀號。胡雪巖也走上攀結權貴的路了！

生活
智慧

　　清朝是中國最後一個封建朝代，它的滅亡不是沒有道理的。在朝廷「養廉」的口號下，上至皇親國戚，下至地方官員，每個人都有不符規定的存款。這顯示了當時政治的敗壞不是少數人，而是深入了整個體制。也因為如此，才出現了胡雪巖這種「為虎作倀」的商人，雖然追求利益是做生意的目的；但是像這樣幫助官員把貪污的金錢隱藏起來，他所犯的錯比那些官員更多。

　　事實上在他高興自己可以攀權附貴之時，也已經種下了禍根。所謂「伴君如伴虎」，這句話用在這些官員身上是十分貼切的。當他們和你關係好的時候，也許非常的講義氣；然而一旦出現問題時，只怕他們就會翻臉變成吃人的老虎了！胡雪巖沒有注意到這點，這也成了他失敗的另一個原因。

一八六二年，因為陝甘地區的回民和捻民一起作亂，八月左宗棠被任命為陝甘總督，帶兵前往西北作戰。這一年的冬天，又被任命為欽差大臣，而在頻繁的戰事中，他命令胡雪巖「速運軍糧」。於是胡雪巖帶了十萬石大米、五萬套軍裝一路往西安而去，走了十多天，終於到了左宗棠的營地。而左宗棠的哨兵也很快發現這個龐大的馬隊，左宗棠笑著說：「一定是胡雪巖，走！我們去接他！」胡雪巖一見左宗棠，趕忙說：

「左公，我把大米運來了！就讓將士們飽餐一頓吧！」

這時左宗棠想了一會，突然大叫說：「聽我號令！拔營前進！」

軍令一下，全軍議論紛紛，但是雖然有埋怨，卻也不敢落後一步。大約走了好幾小時，這時左宗棠問：「走了多遠？」

「有四十里了！」

「好！就地安營！」這時大家都餓壞了！火頭軍便手忙腳亂地準備起飯來。這時哨兵突然到了左宗棠面前報告說：

「原來我們軍隊駐紮的地方，忽然發生了一陣爆炸！」左宗棠點點頭對胡雪巖說：「上天保佑我們啊！」而這件事也使得全軍上下無不佩服這位「料事如神」的左大人。原來左宗棠前幾天注意到投降的叛軍在挖地道，因此猜測他們一定有什麼行動。這一下所有將領的怨氣都沒了！大家在安頓好部隊後，對著煮好的白米飯，都好好地飽餐了一頓。這時左宗棠對胡雪巖說：

「這裡不是你久留之地，回去吧！回去替我把上海轉運局辦好！」

「雪巖一定照辦。就請左公放心！」

回到了杭州，已經是臘月二十日了！應該是雪花滿地，冷風刺骨的季節；不過杭州卻是暖洋洋的天氣。胡家大宅還在

日夜趕工，這一天胡雪巖來到了工地，看著欄杆上一排一百隻的紫檀木的小獅子，臉上露出了微笑；但他又覺得缺少了什麼，突然開口說：

「金眼睛！純金！這一定是全天下只有我才有！」於是交待了負責的領班，用純金的眼睛來代替原本小獅子的木頭眼睛。這一說，連領班都目瞪口呆，直說沒有聽過有人這麼做；但胡大先生吩咐的事，他哪敢有意見。這時總施工的張道逸先生走過來對胡雪巖說：

「在影憐院的大廳裡缺了一套大燈！如果是玲瓏燈更好！可是這種燈只有日本才有啊！」

「買！您不是去過日本嗎？就陪我去一趟。」胡雪巖興沖沖地說。於是兩人搭船來到了日本東京，由一個通日語的張道逸相伴，也就順利地住到了不錯的旅館。第二天一早，兩人搭上馬車來到了工藝店，看到了一架十三層的玲瓏燈，從天花板吊下來幾乎有半個店面大，胡雪巖一見就喜歡的不得了！馬上談定一千兩銀票的價錢，由商店代為裝箱托運到中國。

生活智慧　　我們常說「居安思危」，這是告訴我們不可隨時失去了警戒心。當胡雪巖的白米運到了軍營，所有人心裡只想著要吃飯，這時就給了敵人可以利用的時機；幸好觀察入微的左宗棠命令部隊移動，避免了一場可能發生的災難。所以我們也常聽到「樂極生悲」的說法，這都是同樣的道理。

保護文物
人人有責

這時他心情輕鬆，張道逸提議到東京博物館參觀一下，於是兩人一起參觀了許多的展覽廳，這時胡雪巖停在一口古銅鐘前：

「老張，這鐘上刻的不是中國的古字嗎？」

「是啊！是甲骨文或石鼓文一類的字。」

「中國的文物怎麼會流落到日本來？這對我們來說不是個恥辱嗎？我要把它買回去！不管任何價錢！」胡雪巖忍不住提高了聲量，連旁邊的人都轉過頭來看著他。張道逸心裡知道不可能，但是還是替胡雪巖問了館長，答案當然是不可能；但是他一聽問的人是中國的商界名人胡雪巖，便建議他們到文物商店去看看，而且他親自帶路。到了文物商店，店長一聽東京博物館館長和中國名商人胡雪巖一起到了店裡，趕忙出來招呼。

「館長和中國名商人胡先生一起到本店，真是太榮幸了！」

「請問您這裡有沒有中國的古鐘？」胡雪巖直截了當地問。

「有！有！請跟我來！」於是進到屋內，看到了一排中國的古鐘。胡雪巖忍不住開口問：「請問這些可以賣給我嗎？這些都是中國文化的遺產和象徵，如果它有靈性，也會思念故鄉的。況且身為中國人，我有責任把它們帶回去 。」

「但是我們只有保管的責任，這不是商業的流通物。我是從一位日本商人手中收進來的，每一口鐘折合白銀三百兩。」原來還是為了錢。

胡雪巖不明白為何要收回中國自己的東西，竟然要看這位日本人的臉色，忍住了心中的怒氣，他故意有點驕傲地說：

胡雪巖，你在說什麼

「每一口五百兩！直接用銀兩交易，請你派人送到杭州，開支由我付，貨到就把銀兩帶回！」那日本人聽了很高興，就和胡雪巖訂了合約，由東京博物館的館長來做見證人。

在清朝末年，由於國家的衰弱，列強的欺凌，許多國寶都從一些投機分子和不肖的商人手中流落到外國，如：甲骨文的骨片、敦煌的經書與雕塑等。這是令人十分憤慨的事情。身為中國人，胡雪巖也有同樣的愛國家、愛民族的心情，於是他做到了他能做的事，就是讓這些流落在外國的中國文物可以回到中國。

保護文物，人人有責

「童叟無欺」不是口號

三天後他們回到了杭州，一回家的胡雪巖聽到的是令人難過的消息──母親生病了！

　　「娘！娘！」他跪在床邊叫了好幾聲。「請醫生看了嗎？」

　　「醫學署的醫生都回去過年了！請了一個郎中，開了藥方。聽說醫學署今天復工。」二太太余氏說。

　　「快！快！叫戚老頭帶轎子去請醫生。」胡雪巖急忙說。

　　幸好，潘鳴泉和袁古農老先生都來了！兩人搭了脈，討論了一下病情，這時的胡雪巖急得像熱鍋上的螞蟻，心裡非常的擔心。這時袁老先生開口了：

　　「放心，只是氣血不通，開個藥方就可以了！」於是仔細地填了一張藥方，註明了藥名和份量，再交給潘鳴泉。潘鳴泉看了一遍說：

　　「到種德堂去配，我們在這裡等。」

　　不久戚老頭把藥包帶了回來，一打開藥包，潘鳴泉皺著眉頭說：「這是當歸嗎？」

　　袁古農接了過去，放在嘴裡嚐了一下，開口罵說：「呸！這是次級貨，要他們換！」

　　胡雪巖在一旁說：「多花錢沒關係！」

　　一到了種德堂，就換來了掌櫃的一陣叫罵：

　　「藥不是給你配好了嗎？什麼？藥不道地？」

　　「要換？沒有！不然你不會請你家胡大先生自己開個藥舖！」

「童叟無欺」不是口號

戚老頭氣呼呼地回到了胡家，一五一十地告訴了胡雪巖。胡雪巖這時臉色沈重，沒有說話。袁古農開口了：

「胡大先生別生氣，這種德堂仗著它是杭州最大的一家，欺負客人習慣了！我看這藥雖然是次級品，還是先煎了讓老夫人喝下去。」

胡雪巖點了點頭。這時二太太說：「大先生，你還沒吃飯呢？」

「吃不下！」

「擔心歸擔心，你也得照顧自己的身體啊！況且你不吃，難道叫兩位老先生也陪你不吃嗎？」

胡雪巖這時臉上有些不好意思。「天冷了！兩位老先生陪我喝兩杯吧！」

袁古農他們知道胡雪巖心情不好，不忍心就這麼走，就留下陪他吃飯。喝了幾杯酒，胡雪巖對種德堂老闆的話始終耿耿於懷，不知不覺心裡憤怒了起來：

「謝謝兩位老先生在送藥事業上給雪巖的幫助，家母的病也常麻煩兩位，雪巖在這裡先乾為敬；不過我還有一件事想求兩位，我想開一家藥店！」

兩位老先生嚇了一跳！這擺明了是為種德堂的事！不過其實他們也早就想替胡雪巖出一口氣，於是異口同聲地說：「既然是胡大先生開口，沒有問題！」

「大先生要開藥店，只怕種德堂的飯碗要不保了！」袁古農說。

「讓他有飯碗，那窮病家就慘了！這種『缺德』的藥店，就要有人來整整他。」潘鳴泉生氣地說。

胡雪巖接著說：「我打算跟北京的同仁堂一樣規模，花多少銀兩不要緊，只求能濟世救人；只是醫藥我不懂，需要一個負責經營的人。」

這時袁古農提出了一個人選——松江的余家藥號的余修初。這時潘鳴泉也附和地說：「這人可是有口皆碑啊！種德堂的經理跟他一比就連伙計也不夠格。」

終於胡老太太喝了藥，兩位老先生也回去了。這天起，胡雪巖也沒再提起藥號這件事，大家都以為他只是一時興起而已！其實胡雪巖早已在心裡默默規劃起胡家國藥號的藍圖了！

生活
智慧

　　因為母親的一場病，引發了胡雪巖想辦藥號的動機。其實最主要的還是來自於對於種德堂那種欺負客人態度的不滿。除此之外，胡雪巖也想到了在這種情形下，窮人家一定更是難過。從這裡，我們可以看到胡雪巖一貫同情弱者的個性。雖是個商人，卻也有一份社會責任存在，這是值得今日社會的所謂「企業家」們好好思索的問題。

給別人機會，也是給自己機會

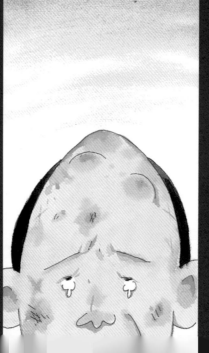

這天常先生來到了胡家，胡雪巖一聽常先生來了，便來到了客廳，只見常先生緊繃著一張臉，胡雪巖心裡有不好的預感。

果然，常先生開口說了一個令胡雪巖十分生氣的消息：

「大先生，賴老三被抓了！」

「為什麼？」胡雪巖不明白地問。

「他在我們剛發完春茶預支費後，就到各家去收稅了！」

胡雪巖來到了釐金局，看到被打的很慘的賴老三。

這時釐金局的人員對胡雪巖說：「胡大先生，放款收茶是您的規定，我們都知道。可是這傢伙放完款後，又回頭去收黑稅，如果不是我帶走他，只怕早被打死了！」

這時的賴老三早已又害怕又慚愧地低著頭，跪在胡雪巖面前。胡雪巖對著他說：「你收了多少錢？」

「三兩多一點……。」

「如果像這樣，誰還要賣茶葉給我們？」

「起來吧！明天找常先生拿錢，一戶戶去道歉，再把每個人的錢還給他們，知道嗎？」

接著胡雪巖對局裡的官員說：「請茶農們不要再打他了！既然收黑錢的人是我的員工，我認罰二十兩。」說完就回去了！只留下茫然的賴老三。

賴老三回到了龍井收購站，把胡雪巖交待的話轉告給常先生，最後他小心地問：

「常先生，不知道胡先生會如何處置我？」

「不曉得，如果你能改過的話，也許還有機會。」

從此賴老三每天提心吊膽地過日子，但是胡雪巖一直沒有處分他，一年後還替他加了薪水，於是他下定決心努力工作，不再犯錯。在經手的帳目上也清楚明白。常先生都一一報告給胡雪巖知道，於是賴老三每年的分紅還高出了普通工人一倍呢！

胡雪巖，你在說什麼

賴老三收黑錢的事，胡雪巖雖然生氣，卻沒有採取激烈的手段來處罰。他仍然是按部就班的先處理茶農的損失，然後再自己處罰自己，一方面是維護制度，另一方面也是再取得茶農的信任。對於賴老三的寬容，反而使賴老三更自我要求，而終究能改過自新。我們從這裡可以學習到的是：凡事並非只有單一的處理方式，也並非一定要用硬性懲罰的方法；有時採取柔性的態度，反而有更大的成效。

先虧本，再賺錢

一八七三年的正月，大雪覆蓋了杭州的大地。胡雪巖剛剛買下了十畝土地，準備興建國藥號。這天，袁古農帶來了余修初來見胡雪巖，哪裡知道杭州城裡已經傳說胡雪巖今天要招聘經理，於是門外同時也來了兩個人。

「聽說胡大先生在招聘經理？我們是來應徵的。」

門房老劉只好跟胡雪巖報告：「門外來了兩位應徵的先生，要讓他們進來嗎？」

胡雪巖也不明白，這時袁老先生說話了！「大先生，您要建國藥號的消息早已傳遍全城，這兩人上門也不會太意外，我覺得就請他們一起來談，這應該不是壞事；也免得我和余修初被醫藥界內的人猜忌。」

胡雪巖看了看余修初，余修初態度自然地說：

「都來談談無妨，可以交流各自的經營之道。」於是兩人也進了胡宅。

胡雪巖首先開口說：「我想辦一個國藥號，各位都是我店裡經理的人選，就請各位談談你們的看法吧！」

進來兩人中較年輕的一位搶先說：

「辦藥號也是生意，最重要的目的還是賺錢。首先我覺得要注意抓藥，如果處理的好，馬上就有好幾倍的利潤；第二就是對客人客氣，多收學徒可以降低成本；再加上就近收購藥材，然後把藥價抬高。反正越貴就越多人相信，我有信心五年就回本。」

胡雪巖笑了笑，便請另一位年紀較大的先生來說說他的想法。

「我也覺得賺錢是主要目的。不過我認為僱工要有水準，這樣醫藥水平提高了，病家才能信任。而藥則要追求品質，反正反應在藥價上就好了！此外則是跟賣藥人建立好關係，這樣也可以保持藥的品質和來源。我計劃可以每天達到二百兩的營業額。」

這時余修初開口問胡雪巖：「不知道大先生想投資多少？」

「不少於二百五十萬兩。」

「如果讓我當經理，胡大先生就要準備虧三年！」

在場的人一聽都傻眼，只有胡雪巖笑了！這時余修初接著說：

「據我所知，胡大先生已經做了十多年的虧本生意了！直到現在，還有人來信要求辟瘟丹、行軍散等救人無數的藥品。我相信胡大先生的二百五十萬只是種子，需要我們用醫德來灌溉，才能成長茁壯。我認為首先加強宣傳，在車船碼頭加強原本已在進行的贈藥工作，把原本的『號衣』繡上國藥號的名字。第二，對於藥材要求真務實。第三，國藥號如何能夠得到人們的信任，關鍵在於醫德，所有的職員都要堅持職業道德，畢竟藥號也是一種良心事業。最後廣招名家來製藥，按照規矩，絕不敷衍。再加上三年的贈送和宣傳，我們才有長遠的生機。」

「不知胡大先生的藥號取名了沒有？」

胡雪巖說：「不知道叫『慶餘堂』如何？」

「好！但不妨結合胡大先生十餘年贈藥的功德，就取名叫『胡慶餘堂』，這也代表是救人的延續。而胡慶餘國藥號的建築更可以設計成能為病人帶來安心的感覺。使病人到了藥舖也可忘了病痛。抱歉！我說的太多了！」

胡雪巖十分高興，大聲地說：

「就請余修初先生來擔任經理的工作。希望國藥號對內能提倡『戒欺』二字，讓病家能得信賴，並且得到我們的幫助。余先生的虧本三年，我完全能贊同，我甚至可再多給你一年。就請余修初先生寫出一份計劃吧！」

「至於兩位先生，非常抱歉！兩位的想法與我並不一致，若兩位想留在本藥號，我非常歡迎！」胡雪巖帶著歉意說。

生活智慧

在一般人的觀念裡，做生意就是為了賺錢嘛！哪有開藥號來準備虧本的呢？但是余修初卻大膽地說出了「虧三年」的說法；而胡雪巖竟然還十分贊成？這是因為胡雪巖辦藥號的出發點並不是為了謀利，而是不滿於欺騙客人的其他藥號，希望能幫助需要的人。而余修初的想法也是如此，對他們而言，醫藥業並不是單純的營利事業，它是一種具備社會責任的事業。就如同類似的行業如：軍人、警察，或是老師一樣，在賺錢以外，這些工作對社會應該要有更多的貢獻；而這些職業的從業人員，也應該要抱持著服務社會的心態。

另外，站在生意人的角度來看，一旦建立了誠信的形象，不管任何生意最後一定可以成功，這也是胡雪巖要求「戒欺」的主要原因。

「投其所好」才有交情

一八七三年的冬天開始，胡慶餘國藥號在余修初的努力下順利地推動。胡雪巖開始把重心放在一向由外國人，特別是俄國人所掌握的茶和絲的生意上。

這時他發現如果要把這些生意經營得好，在朝廷上必須要有影響力才行。於是特地動身上北京，第一站來到的當然就是恭親王奕訢的大宅了！通報了門房後，只見到親王自己出來迎接：

「雪巖啊！這麼難得，你也上京來了！怎麼有空來看我？」

「早就該來探望親王了！只是我一個小商人，怎麼敢常常來打擾？」

兩人一起進了後院大廳，一進門就聞到鴉片的特殊氣味。在當時，王公大臣吸鴉片的情形可說十分普遍，其實胡雪巖自己也有這種習慣。這時他從隨身的皮箱中拿出了帶來的五十兩印度白土：

「不成敬意，給王爺試試。」

「哎呀！這可是高級貨呢？」胡雪巖又拿出了其他的禮物，奕訢笑得合不攏嘴。這時奕訢把話轉到了正題：「雪巖，上京有什麼事嗎？」

「想請親王幫個忙，替我引見您的弟弟醇親王。」

「這，你還需要我帶嗎？你又不是不知道我跟他不合！」

「請親王務必幫忙！」

「好吧！我帶你去，但我不會陪你一起見他。」奕訢勉為其難地答應了！

第二天奕訢帶胡雪巖到了醇親王府的門口後，就與胡雪巖道別，胡雪巖只好自己請門口的侍衛官通報。

「浙江巡撫胡雪巖求見醇親王。」

侍衛官帶領著胡雪巖進入王府，來到了醇親王奕環的客廳。

「是胡雪巖先生吧！不知來府上有何指教？」奕環慢條斯理地說。

「學生早就想前來叩見親王，只是一直欠缺機會，今天得到一位京裡的長官指點，才有幸見親王一面，學生知道您喜好古畫，特地帶來這個。」胡雪巖一邊說著，一邊送上字畫。

奕環一看，「哎呀！這可是仇英的山水畫呢！」再加上又看到一包印度的白土，他簡直高興極了！「這左宗棠大人可是常常稱讚你的功勞啊！」

「我只是做我分內的事而已！」

「聽說北京的阜康銀號是你的？有機會我也存些錢在你哪兒吧！」

「就吩咐銀號的方克勤好了！」說完胡雪巖便向奕環告辭，雖然奕環留他下來吃飯，他還是推辭了！出了王府，他開始出發到下一站。不多久，來到了文煜的宅第，侍衛趕忙向文煜通報。

一進門，胡雪巖就開口說話。

「文大人，您不是要帶我見李公公嗎？」邊說還是邊送上白土和禮物。

「見李蓮英？啊！對！等一下『老佛爺』會午睡，他沒事，可以見你。」

於是吃完午飯，兩人一起進宮，這一次胡雪巖換上了官服。文煜一見到了李蓮英的總管處，便開口向李蓮英打了招呼：

「總管大人，浙江胡雪巖給您叩頭來了！」

胡雪巖也非常機靈地真的跪了下去，李蓮英用奇怪的聲音說：「免了！免了！」這時胡雪巖已經叩了三個頭了！

站了起來，胡雪巖從手上拿出兩隻珍貴的寶石戒指送給李蓮英，此時門外一個人看在了眼裡，這個人是戶部尚書嚴敬銘，他心想：

胡雪巖，你準備了禮物拜見恭親王、醇親王、李蓮英，就連文煜也有一份，你就是沒有給我。哼！給我走著瞧！

生活
智慧

　　胡雪巖深知人際關係的重要，尤其對於做生意的商人而言，少一分阻力，就是多了一分助力。在與外國的來往中，他體會到了清朝的大官往往具有決定性的影響力；於是他想盡方法認識並結交這些權貴。這種想要拓展人脈的想法是沒有錯的，對於今日社會而言，也是一個重要的概念。

　　但是藉由不正當的利益作為手段來結合的關係是十分危險的，不但沒有任何保障；如果「顧此失彼」，忽略了其中哪一個人，如同這位嚴敬銘一樣，只怕災禍馬上就會降臨，這是值得我們引以為戒的。

行事不謹慎，小人會怨恨

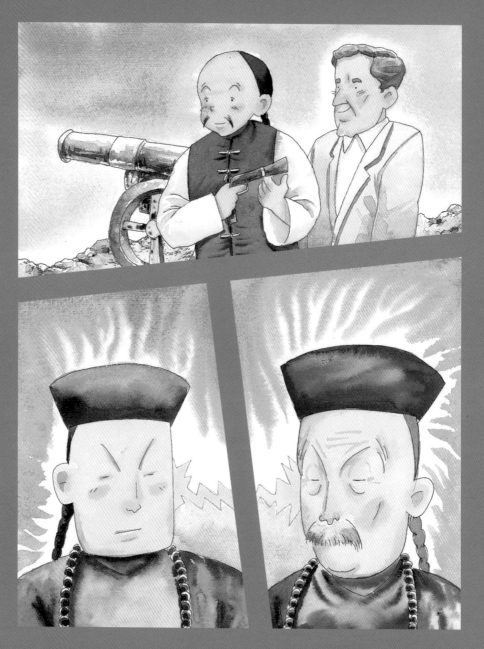

這時遠在蘭州作戰的左宗棠收到了胡雪巖的信，信裡胡雪巖告訴左宗棠俄國有對中國發動戰爭的可能。這一說讓左宗棠氣紅了臉：

「哼！第二次鴉片戰爭後，我們已經割了烏蘇里江以東的土地給了他們，後來又把巴爾喀什湖以東、以南的領土送給他們。還有什麼不滿足的？」

這時副官對左宗棠說：「要不要給胡大人寫封信，請他在上海先加強作戰的準備工作？」

「不必了！胡雪巖大概早已開始了！」左宗棠自信地說。

果然如同左宗棠所料，胡雪巖早已到了上海，並且找上了德國泰來洋行的韓特和律斯。自從普法戰爭後，德國成了先進武器和強大軍力的代名詞。

「我這次來，是希望可以看一些你們的武器。」

「最近正好到了兩種新的武器，普魯士大炮和七連發火槍。威力強大，相信你一定會喜歡。」韓特一邊帶胡雪巖參觀這些武器一邊介紹。

「可以。不過我希望可以由我自己試一試，如何？」

「當然可以。不過合適的地點可能要由胡大先生自己來找了！」

「好！你們只要準備好槍炮子彈就好了！」

兩天後，他們齊集在龍華郊外的一處空地上，準備正式試炮。附近的居民早就由胡雪巖的部屬安排，各自給了銀子，要他們離開。只見胡雪巖拿起七連發火槍，對著幾棵樹連開了七槍。一旁的韓特讚嘆說：

「想不到一位金融家有這種槍法！」

接下來胡雪巖對照著說明書，裝好炮彈，擊發了普魯士大炮，一下子，目標的小土丘就不見了一半。胡雪巖心想：「德國的武器果然不簡單！」不過這一聲炮聲，也驚動了李鴻章的上海駐軍，一個小部隊來到了靶場：

「是誰放的炮？」

律斯首先說話：「這是試炮，不是放炮！」

胡雪巖怕引起不必要的爭執，便開口說：

「是我放的。浙江按察使、布政使胡雪巖。」

「對不起大人，我們不知道您要試炮。」

「難不成我還要向你報告？」

　　李鴻章的部隊無可奈何，只好走了！而胡雪巖也和兩位洋人談好了相關購買的細節。況且現在胡雪巖心裡，沒有什麼是比支援左宗棠作戰更重要的。雙方很快的成交，然後胡雪巖回到了杭州。不到一個禮拜，就把武器拿到手，裝箱上了十幾輛板車，一路由上海到西安，再到蘭州。這時左宗棠的軍隊發現了車隊，侍衛官趕忙向左宗棠報告：

　　「大人，胡大人給我們送武器來了！」

　　「真有此事？那真是天助我軍，我們去看看。」左宗棠高興地說。

　　一見到這些火槍和大炮，左宗棠確立了戰勝的信念。然而這時，胡雪巖在龍華郊外試炮的消息也傳到了李鴻章的耳裡，他認為胡雪巖為左宗棠買武器，根本就是在向他與外國的和談挑戰，他暗自產生了對付胡雪巖的念頭。

生活
智慧

左宗棠和胡雪巖的友誼雖然有部分是建立在互相利用上；但事實上更主要的原因是兩人都有濃厚的愛國心，都不願坐視國家受到欺負，這也是他們與主張和談的李鴻章不同的地方。而胡雪巖光明正大地在李鴻章的駐地附近試炮，就像是對李鴻章宣戰一般，這是胡雪巖這一次沒有考慮周詳的地方，而這也使他真正得罪了李鴻章，為胡雪巖後來悲慘的遭遇埋下了伏筆。

1
3
5
—
行事不謹慎，小人會怨恨

比別人先看到商機才有賺頭

左宗棠因爲平定陝甘有功，慈禧太后賞了他一件黃馬褂，這是清朝最爲光榮的官服，左宗棠因此十分高興，不停地在身上穿穿脫脫。而對於胡雪巖來說，他看到的是更多的財源。因爲左宗棠得到了朝廷的信任，勢必會受到重用，自己也可以利用這個條件來發展更多的事業。他心裡第一個想到的就是陝甘當地的織布事業。於是他再次來到了泰來洋行，只是這一次他的目標是織造機器。一進了門，律斯馬上親切地向他問好：

　　「你好！胡大先生。您又要來買武器嗎？最近剛製造出來的新火炮不錯喔！不知道您有沒有興趣呢？」

　　「這次我不是來買武器的。不知道貴國織造機器的發展如何？」

　　「目前的織造業，我們德國可是最發達的呢！」

　　「我想辦一個織布廠，就請兩位多幫忙。」

　　「沒有問題！不過我國的機器都是配套的。如果是胡大先生，我們願意給您折扣的優惠，二十台機器，連同全部的相關配備，運到中國的通商口岸，就八百六十磅吧！」

　　胡雪巖心裡一計算，這樣的花費還不到四千兩銀子，實在是很合理的價錢。於是很高興地跟韓特和律斯訂定相關約定，至於付款的方式則和從前一樣，都交給銀號的負責人。胡雪巖回去銀號後，便訂了酒席和所有員工一起同樂，連轎夫們也湊上了一腳。這時他也向部屬交待另外一批大炮運往左宗棠軍營的事情。

　　同一時間，左宗棠卻已經有了一封關於胡雪巖的奏摺上給了慈禧太后；當然不是要攻擊胡雪巖，而是希望念在胡雪巖籌辦軍餉有功的情形上，能賜給胡雪巖的母親一面匾額。本來這「老佛爺」還在猶豫，旁邊的李蓮英想到自己也收過他的好處，於是馬上說：「老佛爺，這能讓左宗棠大人推舉的人可是不容易，應該是的確有功勞。」

　　「好吧！好吧！就通知杭州地方官，給胡雪巖的母親送個匾去吧！」

織布業在當時都掌握在外國人的手裡，胡雪巖又再一次地預先見到發展織布業的利益，於是投入其中，他的確相當善於利用政治和經濟上的影響力。所以俗話總說：「官商勾結」。如果雙方是相輔相成，那倒也沒有什麼問題；但是如果是各自為了私利，而犧牲掉了國家的利益，只怕就成了老百姓的罪人了！

閻王好見，小鬼難纏

沒有多久，杭州的巡撫便帶了大小官員，給胡母送來了寫有「天道母德」四個金字的御匾，不但是胡雪巖的母親眉開眼笑，就連胡雪巖也感到十分驚訝！正當他招待完賓客，回到房內準備休息時，管家呈上了左宗棠給他的信。原來是找他一起上京，胡雪巖心裡一想，一定是要他準備給各個大人物的禮品，於是打起精神，進了自己存放所有奇珍異寶的「養心閣」，精挑細選了幾樣禮物之後，便趕到北京與左宗棠會合了！

　　一到了會館，就見到左宗棠，兩人便在會館內商量進見的相關問題。左宗棠首先問起：

　　「唉……從軍機處到吏部、戶部、禮部、內務部，連一個小太監，都要打點到才行！」

　　「左公，我覺得不能每一個都顧到，這樣反而麻煩。應該是對你直接有幫助的人，我們就用珍貴的禮品來贈送，可以顯出我們對他們格外的尊重，他們也就會替您在御前多加美言幾句。」

　　「說的也是！好吧！就這麼辦！」左宗棠點了點頭。於是第二天，左宗棠便帶了禮物，拜見了奕訢和奕環，這兩位對於左宗棠的攻俄主張都有決定性的影響力。回到了會館，一位小太監要求見他。

　　「來通知左大人，明日的早朝要見御駕。」

　　這時的左宗棠既高興又緊張，對於小太監也沒有什麼表示，但胡雪巖卻早已打聽好宮中的「規矩」，馬上拿出兩千兩的銀票給了小太監。原本繃著一張臉的他，這時才笑著說：

　　「明天，左大人還要注意我的右手所指之處，那裡才能叩頭叩出聲來，而且不會痛；否則只怕您叩破了頭也不會有半點聲音。另外，左大人膝蓋要多墊點棉花才不會酸痛啊！」

　　「多謝小公公指點。」

　　隔天上了朝，左宗棠就依著小太監的指示，叩了不少頭。這時慈禧太后說話了！

「左宗棠，你要收復新疆，趕走俄國人，這片愛國心是很好的，但是也要考慮到朝廷的經費，以及我們與俄國的友誼啊？」

　　這時一旁的李鴻章和其他大臣馬上掌握機會，上奏說：

　　「啓稟老佛爺，依微臣之見，不可和俄人交戰，應該用我們一貫的『主和』，這樣才能避免國體的損傷。」

　　左宗棠一聽十分生氣，但忍住氣說：

　　「微臣也深知國家的困難，但我們怎麼可以眼看俄人佔領我大清的國土，況且西北的安定，才能保障東南的繁榮。希望老佛爺明鑑！」

　　慈禧沉默了一陣子，最後虛弱地說：

　　「好吧！准奏西征，你們都下去吧！」左宗棠一聽，十分高興，領了旨便要退下，忘了叩頭時掉在地上的帽子，李蓮英馬上叫小太監替他送去。

　　「左大人，左大人，您忘了帽子了！」

　　「哎呀！不知該怎麼感謝你呢？」左宗棠笑著說。

　　「三千兩銀子，大人！」小太監說。

生活智慧

　　從這則故事，我們可以充分看出清朝官場的黑暗，連一個小太監都視收錢為理所當然的事，那更不用說其他的官員了！這樣的政治怎麼可能有效率？怎麼可能可以做事？也難怪清朝的國力會衰落、國家會被推翻了！不管是公司或是個人，都應該把這樣不好的風氣引以為戒才對！

隨時隨地打廣告

胡雪巖爲了設立膠廠的事情找來了余修初，這膠廠主要在提煉藥材中的膠質。這時余修初向胡雪巖報告有關興建膠廠的進度：

「地點在湧金門，佔地十餘畝，除了各種製作場地外，還可以設一個養鹿場。這地方就在西湖旁邊，景色秀麗，相信鹿群一定可以生長得很好。」

「我已經派出人去採購鹿茸和活鹿。」

這時胡雪巖開口了：「活鹿是充滿生命力的動物，又具有觀賞價值，不如開放讓大家參觀。而且在我們要殺鹿製藥的當天公告讓所有人知道，這樣他們才會知道胡慶餘堂的藥材絕對是『童叟無欺』的！」

余修初也同意這種想法，畢竟「講信用」才是做生意的第一原則。於是說：「好！就是要『取信於人』，我們用真材實料把胡慶餘堂的招牌做出來，這樣胡慶餘堂才能與那些不肖的藥行不同！」

於是余修初趕快進行購地建廠的工作，並且設計了「胡慶餘堂製膠廠」和「胡慶餘堂養鹿場」；更重要的是，養鹿場是開放公開參觀的。不到幾個月，一間間美輪美奐的廠房和像觀光地點的養鹿場完成了！而外出採購鹿茸和活鹿的人也回來了！帶回來的梅花鹿自然成了大家注目的焦點。

「這些鹿是誰的啊？真不得了！」

「聽說是胡慶餘堂養鹿場的，這可是高級藥材啊！」

不用說，胡雪巖的藥號的名聲當然是傳遍大街小巷。而製膠廠的另一個問題就是需要大量的水，余修初也利用這一點，安排店裡的小學徒輪流去挑水。挑水時都穿著印有「胡慶餘堂」字號的衣服，再加上水桶也印上一樣的字，遠遠望去就知道這是胡慶餘堂的挑水隊伍，不知不覺，「胡慶餘堂」這四個字已經深深地刻畫在百姓的腦海裡了！

胡雪巖，你在說什麼

生活智慧

　　從一件養鹿製膠的事情上，我們見到了胡雪巖和余修初的努力和堅持。不但自我要求「誠實不欺」；更進一步向大眾公開，接受大家的檢驗。正是這樣的「取信於人」，胡慶餘堂國藥號才有接下來的成功。而這裡我們也看到了胡雪巖會任用余修初的原因，他不只是和胡雪巖一樣有對於「誠信」的要求；他更懂得把這種要求變成一種宣傳，這是非常成功的。

想要馬兒好，就讓馬兒吃夠草

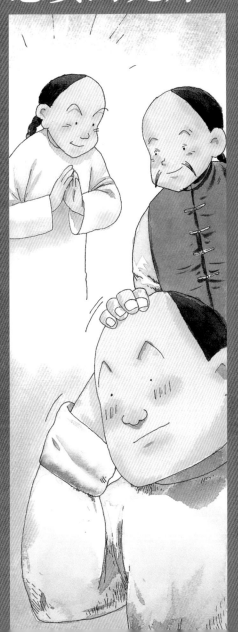

這一年，胡雪巖的茶葉遇上了所謂的「倒春寒」。本來應該是春暖花開的天氣；可是反而有點冬天的感覺，於是原本應該是吐出新芽的茶樹，現在只有幾株黃黃乾乾的葉子，看起來怪可憐的。

胡雪巖在房裡靜靜思考如何解決這個問題，栽種茶葉的地方只有四川的情形比較好一點。這時賴老三從外面回來了！一看到胡雪巖他又轉頭走出去。胡雪巖喊了他一聲：

「嘿！老三！」

「是！大先生。」賴老三有點緊張地回答。

這時在一旁的常先生對他說：「你知道那件事了嗎？」

「什麼事？」

「什麼事？大先生升你做先生了！」常先生笑著說。

「啊？真的嗎？」賴老三滿臉的懷疑和不好意思，他轉頭看了胡雪巖一眼。

這時胡雪巖笑著說：「怎麼了？你不想當嗎？」然後很認真的接著說：

「這兩年你很努力，工作也做得很不錯！你已經有當先生的能力了！所以我接受常先生的建議，升你做先生。」

賴老三的心裡充滿了高興和不敢相信的感覺。曾經犯過的錯、這些年來的辛苦和汗水、當上先生，所有的回憶一時間都湧上了心頭。

「大先生！」他聲音有點發抖地說：「謝謝您高抬貴手。」

「哎呀！什麼高抬貴手？俗語說：『知錯能改，善莫大焉。』難不成我胡雪巖心胸狹窄到容不得部下犯一點點錯？從今天，我就要叫你賴先生了！」

「是啊！賴先生！」常先生也逗趣地說。他們兩人你一句我一句地把賴老三弄得臉都紅了，好久都說不出話來。

「好了！回到正題。賴先生，外邊的茶葉都欠收吧？」胡雪巖問。

「是，大先生。除了四川，還有福建也還好一點。其他地方都不行，幾乎可以說是沒有收成。」賴老三正經地回答。

「福州去了嗎？有沒有把我的話告訴老俞？」

「去了！俞德海先生也同意您的想法，他也認為欠收一定會使價格上漲；但是越是上漲，就越是要高價收購。」

胡雪巖笑了笑！今年的情形，洋人一定不肯把收購茶葉的開盤價提高，你不提高我提高，他彷彿看到了洋人向他求購茶葉的情景。而後來洋人也的確向胡雪巖要求收購茶葉，一個月後，俄國商人用高出胡雪巖所開出的價碼許多的金額收下了胡雪巖的茶葉，而且送給他十座掛鐘。

「常先生，派人通知福州，收完茶後先進倉庫，等我通知。」

「是。」

「還有，」胡雪巖對賴老三笑一笑說：「從這個月開始，賴先生的薪水每個月多加五兩銀子。」

賴老三到城裡買了一件夏布長袍，急急忙忙地回到了家。老婆和兒子看到他都嚇了一跳，幾乎都不敢認他；老母和弟弟更是驚訝！大半天說不出話來了！等到賴老三把升官的事說了！全家人都替他很高興。這一天晚飯後，全家像辦喜事一樣，尤其是賴老三，一直喝酒喝到很晚了都還不肯休息，望著身上的長袍一直笑。

胡雪巖，你在說什麼

　　對於賴老三，就像長毛禿一樣，胡雪巖都沒有「以牙還牙」，而是用「不認舊惡」的作法。考核他們的努力，給予他們應有的回饋。這也告訴我們，對一位管理者或經營者而言，部屬其實也是另一種形式的「資產」，如何讓這些「資產」可以發揮最大的效用，就需要對這些「資產」給予最大的照顧和培養。畢竟「既要馬兒好，又要馬兒不吃草」，這是不太可能的。

　　而賴老三的升任「先生」，再一次給我們一個啟示。人只要努力，就沒有不可能的事。所謂「精誠所至，金石為開」就是這個道理。

胡 慶 餘 堂 國 藥 號

「愛兒」會成「礙兒」

夏天的胡家大宅院裡今天非常安靜，為什麼呢？原來是各房太太們午飯後都去午睡了！以往的胡雪巖這時應該是不管事的；但是今年的他還在忙「胡慶餘堂國藥號」的工程，對他而言，這是不同於絲與茶葉的生意的。所有的生意都像是帶兵上戰場打仗一般的艱苦，只有濟世救人的國藥號才能喚醒他原本喜歡幫助人的本性。

他穿過馬路，來到了胡慶餘堂國藥號的工地。只看到木匠、泥水匠、工人、各個師傅都穿著「胡慶餘堂」字樣的背心汗流浹背地在大太陽下工作。他看著高達十二公尺，由青磚砌起來的封火牆，用手敲著結實的牆壁，他心裡感到十分滿足。這時建築師張道逸從另一邊走了過來：

「大先生，太陽這麼大，您快請到裡面坐。」

胡雪巖和張道逸一起走向了工地的指揮室，一邊走一邊說：「張先生，您年紀比我大，為了我這藥號費盡了心；我就只是在外面站一下有什麼關係？」

「這可是百年難得一見的工程呢！一旦完成就連我也十分有面子，想到這裡就算是累一點也值得。」張道逸高興地說。

「就是不知道胡大先生建一座這麼高的牆有什麼打算？」

「我打算在這面牆抹上石灰，刷上白色的粉，請杭州最著名的書法家用端正的楷書，寫上『胡慶餘堂國藥號』的大字，這樣不但好看而且醒目，可以讓病家容易找到，又可以藉此宣傳我們自己。」

「哇！」張道逸驚訝地張大了嘴巴。「這樣不就要改變招牌的位置？」

「不！這大字只是讓人可以知道藥號的大概位置，真正的招牌還是橫在店門上的『慶餘堂』三個金字，然後再立起『進內交易』的牌子，也是金字。而往營業大廳的牆壁上則掛上一整排中藥的牌子，黑底金字。希望能給來的人有藥到病除和忘病而去的感覺。」

「這沒問題，但這些字可不是我們這些粗人有辦法寫的啊！」張道逸問。

「這等房子有了基本的樣子再說吧！」胡雪巖心裡似乎已經有了想法。

離開了工地，家裡派來了轎子，胡雪巖便乘了轎子往阜康銀號去。一進了門，只

見到幾個職員趴在桌上打瞌睡，一旁拉風扇的小學徒也睡著了！宓文昌走了出來，對胡雪巖打招呼。這時胡雪巖說：

「這麼熱的天，櫃台上留個人就好了！其他人可以午睡一下，有客戶來時叫一下人就好了！」說著走進了招待室。一進了招待室，他看到了讓他非常生氣的畫面，他的二兒子緘三正在椅子上睡覺。對於胡雪巖而言，自從大兒子死後，他對其他兩個兒子就更加疼愛，再加上自己幼年辛苦的日子，這種心理使他盡其所能地滿足兒子的需求。沒想到卻培養出了揮霍金錢的公子哥，開銷一天比一天更大，胡雪巖一看不行，只好把他交給宓文昌教導，進銀號從練習生當起；沒想到最後還是見到一個醉倒在銀號的兒子。

這時的胡雪巖心情十分複雜，充滿了憤怒、難過和羞恥。想到自己努力一生所打拚下來的事業，未來竟然是要寄託在這樣一個不成材的兒子身上，他簡直不敢想像結果會是怎樣？他不禁怒火中燒，大聲地說：

「起來！要睡回去睡！」

被叫醒的緘三站了起來，走出門時還自言自語地說：「在這裡睡滿好的，幹嘛叫我回去睡？」

「這混小子！」胡雪巖氣的快說不出話來了！

宓文昌趕快安慰胡雪巖：「別氣了！大先生。就怪您從小對他太好了！還好三公子品三人品好，又肯努力。您將來可以依靠他啊！」

「是啊！品三這孩子不錯，我現在請老翰林學士黃平先生在家教他呢！希望他不會讓我失望！」

「愛兒」會成「礙兒」

我們常聽到人說「十年樹木，百年樹人」。這是說樹木的種植往往要超過十年以上，才能長成充滿茂盛枝葉的大樹；而教育也是一樣，只是它更需要百年以上持續的經營，才能見到效果。對於胡雪巖而言，他把這種「永續經營」的觀念不只是運用在生意上，更落實在藥號的設立上。因此一切的設計，不管是建築或是內部所用的器具，都有長遠的計劃，這是十分值得去學習的。

然而對於自己兒子的管教可就沒有這麼成功了！由於過度地疼愛孩子，使得孩子只學會了使用金錢的快感，而沒辦法體會金錢得之不易的辛苦。難怪古人要說：「養不教，父之過。」這樣教育下的孩子連一點向上的心都沒有了！連胡雪巖責罵他，他也不當一回事，還怪胡雪巖為什麼要叫他回去睡呢！

所謂「由儉入奢易，由奢入儉難」，從簡單平凡的生活，變成奢侈的生活是十分容易的，因為好逸惡勞是人類的本性；但是要從這種生活再回到簡單的生活可就不容易了！胡雪巖經歷過童年辛苦的生活；但是他的兒子並沒有，因此他們對於金錢的概念是完全不同的。今天我們的生活比起我們父母幼年時的生活，可以說是好上許多倍，因此我們更應該知道「一粥一飯，當思來處不易；半絲半縷，恆念物力維艱」的道理，珍惜身邊所有，好好地努力才對！

以平常心面對失敗

走過大半個夏天，杭州的天氣變成了陰晴不定。剛剛還出大太陽，一下子就下起雨來，這一天，龐雲繪也給胡雪巖帶來了不好的消息。

「我做絲的生意以來還沒有像今年這麼失敗的，這次輸得真慘！對不起！大先生，我們今年可以說沒有任何進帳了！」

「為什麼？」

「怡和洋行的絲廠不但大而且機器又好，做出來的生絲又白又亮。他們對於絲和蠶繭的收購價又比我們高，所以連我們貸款給他們的蠶農，都只還貸款而不肯賣絲給我們了！」

這時的胡雪巖不說話了！望著眼前說個不停的龐雲繪，他心裡想的卻是別的事情，他一直以為只要有充足的資本，再加上龐雲繪這個內行人來經營，這一個絲的生意就一定不會失敗；哪知道結果竟是如此，對胡雪巖來說，這的確是個很大的打擊。不過看到垂頭喪氣的龐雲繪，不輕易服輸的胡雪巖有了想法。他再次體會到「商場如戰場」這句話，而跟洋人的戰爭就像是兩國軍隊交戰一樣，只有真刀真槍的「硬拚」，才有可能分出勝負。在心裡他計算著分布在全國的阜康銀號和當舖的實力，而他相信他有能力和洋人較量。

「胡大先生，您在想什麼？」龐雲繪看著好久不說話的胡雪巖說，這次絲生意的失敗，他心裡感到很丟臉，也很怕胡雪巖因此憤而離去，因此他特別注意他說話時胡雪巖的表情。

「老龐！別氣！『勝敗乃兵家常事。』就當它是一次教訓吧！不過有一天我們一定會討回來的！」胡雪巖胸有成竹地說。

「可是這怡和洋行可不好惹啊！大家都叫它『洋行之王』呢！」

「看著吧！」

而這一天宮裡也發生了事情，原來是左宗棠與俄國人交戰，影響了當地的通商，引起了三口通商大臣的不滿，向慈禧太后上奏說：

「啓稟老佛爺，微臣以為和俄國人交戰有幾點不妥。首先是俄國是世界強國之一，長期的戰爭將引起邊境的糾紛，到時我們難以維持邊境的和平；此外今年西北地區出現了災情，餓死者不計其數，與其交戰，不如全力投入救災更是當務之急！」

慈禧不耐煩地說：「我不是早就決定了嗎？不管如何，左宗棠如果能把俄國人趕出去不是很好嗎？了不起賠俄國一些軍費而已，國庫還可以負擔得起。倒是聽說有人把我要恢復清漪園（就是後來的頤和園）的木材賣了！這是這麼回事？」

這時一旁的文煜嚇得跪了下來，原來之前他為了做胡雪巖的人情，偷偷地把這批木材賣給當時正在蓋胡家大宅的胡雪巖，他趕忙對慈禧說：「老佛爺，這是因為國庫如果要修復清漪園，經費上仍有不足，所以還不忙著動工；而這批木材就快壞了，所以才請商人高價買走，這筆賣出去的錢現在還在戶部呢！」

原本上次沒有收到胡雪巖禮物的尚書嚴敬銘想趁著這個機會奏文煜一本，但一聽到他說錢在戶部，而慈禧太后看來又很相信，如果這時說出來，也許還會被問起這筆錢，或者是誤會成故意唱反調，於是他只好不說話。

「好吧！只是不知道我的清漪園何時才能修復完成？」慈禧太后唉聲嘆氣地說，而一旁的嚴尚書則是恨的牙癢癢的。至於文煜，他則是出了一身冷汗，暗自想著：「胡雪巖啊！我可是保了你一條命；你也得把我存的銀兩保護好啊！」

生活智慧

做生意一定會有賺有賠，這是不變的道理。對於胡雪巖而言，雖然一直以來的生意都十分順利，但是他還是明白這個道理，因此面對龐雲繽所帶來絲生意失敗的消息，他才能坦然以對，心情保持平順。更重要的是，他進一步思考如何挽回失利的局面，畢竟這才是最重要的。不只是做生意，我們每個人的人生也是一樣，起起伏伏是難免的，但是如何面對失意的時候，並且鼓起勇氣去扭轉局勢，這是我們要去學習的課題。

藝術刑上廣告

一八七六年，過完了元宵節，胡雪巖在辦事廳裡提筆寫下了「國藥雅集」四個大字，並且列了幾位詩人、書法家、名醫的邀請名單。請他們到胡家大宅參加迎春酒會，大家酒足飯飽之後，胡雪巖便請他們上了轎子，一夥人來到了胡慶餘國藥號。

這時的國藥號已經接近完工，富麗堂皇的營業大廳引起了眾人的讚嘆，更不要說那些全部由高級紅木所製成的櫃台、櫥子、桌椅了！一到了經理室，只見張道逸已經等在那裡，進了門，桌上早已備好文房四寶，一旁還有小學徒聚精會神地在磨墨呢！這些詩人、書法家這時心裡也都有數了，原來胡雪巖想要求他們的詩和字啊！因為氣氛很不錯，這些名家也就欣然地表達自己的想法，其中一位劉先生開了口：

「我看這一心想救人的國藥號，經理室就叫『耕心閣』吧！如何？」

另一位沈先生說：「這『閣』字貴氣太重，不如叫『草堂』，更有一種百草的氣味。」

這時胡雪巖三子的家庭教師老翰林黃平先生稱讚說：「好！那這四個字，就由老夫不怕丟臉地來寫吧！」立刻提筆寫下「耕心草堂」四個大字。

大家正在叫好時，另一位王老先生拿了一副對聯開口說：「我寫了副用在柱子上的對聯，請各位指正指正，『青雲在霄甘露被野，負糧訪禹本草師農。』如何？」

袁古農先生這時說話了：「改兩個字可以嗎？我想對聯的頭一個字分別改成『慶』、『餘』如何？既不失原意，又更可以符合『慶餘堂』的宗旨！」

老書法家章寄仁笑呵呵地說：「改得好、改得好，那就由我來獻醜了！」說完沒多久，就完成了一副蒼勁古樸的作品。

這時最早說話的劉先生又開口了：

「我替藥號的正面想了一副對聯，請各位看看，『飲和食德，俾壽而康。』」邊說邊寫了這八個大字，筆力流暢。

這時一位沈先生開玩笑地說：「這是叫胡大先生把杭州的仁『和』堂和種『德』堂都給吃了嗎？」說完大家都是一陣大笑！急得劉先生臉都紅了！

胡雪巖走了過來，微笑著說：「真是千金難買啊！」

於是在各個名家的相互激盪下，許多精彩的對聯和書法墨寶紛紛出爐。像是「益壽引年長生集慶，兼收並蓄待用有餘」是以「慶」、「餘」做為對聯的最後一個字；然後是以「採藥」為主題的「七閩奇珍古稱天寶，三山異草原賴地名」，還有以「製藥」為主題的「朱草煉成金丹妙藥，文霜搗就玉杵奇功」。而當最後的「胡慶餘堂國藥號」七個工整遒勁的大書法字寫完時，整個活動和所有人的情緒也達到了最高潮。一聲聲讚嘆不絕於耳，這最高興的人莫過於胡雪巖了！除此之外，路旁經過的人也都相互問著發生了什麼事。

「聽說胡慶餘堂要開張了！」

「他的藥一定好！想當初若不是辟瘟丹，早死更多人了！」

這一天，不只是達成了請這些名家寫字的目的；更重要的是，胡慶餘堂得到了最好的宣傳效果。

胡雪巖，你在說什麼

生活
智慧

胡雪巖深深懂得人的心理，因此特地先請這些著名的文人喝酒，等到他們情緒培養好之後，果然替胡慶餘堂創造出了許多精彩的對聯。更重要的是這些對聯可以看出這間藥號秉持的宗旨和所散發出的氣質，這關係到藥號給人的第一印象，對一間新開的藥號是十分重要的。

這裡我們也見到了中國的傳統藝術的特殊之處，如果我們有機會到一些名勝古蹟，像是廟宇或是古屋，往往還可見到類似的對聯，例如，一般的土地公廟會有這樣的對聯：「福賜由天宜守正，德修在我更尊神」，就是在首尾的四個字上各用上了「福」、「德」、「正」、「神」。

經商之道只有兩個字

送走了參加「國藥雅集」的所有人，胡雪巖又回到了「耕心草堂」，對著這座即將完工的國藥號，他的心情十分複雜。如何能讓這藥號長長久久地經營下去呢？他思考著這個問題。這時他走到桌前，拿起了一枝筆，寫下了「戒欺」兩個字，並且在這兩個大字下寫了一段小字：

「凡百貿易，均著不得欺字，藥業關係性命，尤為萬不可欺。余存心濟世，誓不以劣品弋取厚利，惟願諸君心余之心，採辦務真，修製務精，不致欺予，以欺世人，是則造福冥冥，謂諸君之善為余謀也可，謂諸君之善為自為謀也亦可。」

這段話主要在說明醫藥業是關係到人的性命的，絕對不可存有欺騙的心理。而胡雪巖的目的在於救人，不在於用劣質品來賺取利益，希望所有員工可以體會他的心情，採購真材實料，精心製造良好藥品，不但不欺騙胡雪巖，也不欺騙世人，這樣就造福了國家社會。這不單是替胡雪巖著想，其實也是為自己著想。

於是他找來了余修初等藥號的負責人，公布了這由他自己設立的戒欺：「國藥號的人員，從經理到臨時工，人人要會背，並且最重要的是要去做。這樣才能表示我們胡慶餘堂是老少無欺，這樣大家能接受嗎？」

所有的人都非常讚同胡雪巖的想法。於是胡雪巖心滿意足地搭上了轎子，往家中前去。

生活智慧

　　我們常說：「江山易改，本性難移。」只是
設立了外在的一切設施，並沒有辦法真正改變內在
的想法與精神。就因為如此，胡雪巖寫下了戒欺的
宗旨，希望從精神層面上來建設胡慶餘堂所有員工
的堅持。讓他們知道，這不只是為了胡雪巖一個人
，而是為了所有需要幫助的人，這件事是需要藥號
所有的人上下一條心才可以完成的。也只有這種
「戒欺」的精神能夠延續，藥號才有可能永遠地經
營下去。對我們個人而言，也只有誠實不欺，我們
的人生才能無畏無懼，安安穩穩。

1
6
1

━

經商之道只有兩個字

人心不足蛇吞象

回到了大宅，就聽說有人找他，本來胡雪巖是十分疲倦的；但一知道是上海轉運局的王郁清，他的精神馬上就來了！主要的原因是胡雪巖有件事要仰賴他去辦呢！於是匆匆來到客廳。

　　「讓你久等了！」胡雪巖說。

　　「託胡大先生的福，朝廷准了左公的奏摺，封我一個按察使了！」王郁清高興地說。這時胡雪巖心裡比他更高興，原來王郁清得以封官，主要來自於胡雪巖的幫助，而胡雪巖的目的在於希望很得左宗棠信任的王郁清可以替他向左宗棠要求一件事。為什麼胡雪巖不自己說呢？原來胡雪巖想要的是有一件和左宗棠一樣的「黃馬褂」，這叫胡雪巖難以開口向左宗棠要求，所以他寄望在王郁清身上。這時王郁清又說話了：

　　「倒是胡大先生，近來朝廷獎賞有功的人士，依您的功勞，還不賞件黃馬褂嗎？」

　　胡雪巖心裡有種高興的感覺，但還是鎮定地說：「這可不是那麼簡單的事，如果沒有左公的奏請，這是不可能的。」

　　「交給我來辦吧！左公那裡我去說。」王郁清信心滿滿地說。

　　「您這幾年來的付出是有目共睹的，不管是政治、軍事、經濟，我想左公一定會替您奏請的，別擔心！」

　　「那我先感謝你了！」胡雪巖非常高興。隔天早上，王郁清就帶著這次要從阜康借的二百萬兩軍費以及在上海所買的糧食，往左宗棠的軍營前去了！

　　這一天，王郁清陪著左宗棠吃飯，趁著左宗棠心情不錯，便把黃馬褂的事提了出來。左宗棠聽了以後，大半天都沒說話。他心裡想著胡雪巖你也真行，竟然有這種想法。我的確

應該替你請賞，但是從來都是皇帝主動賞賜，哪有部屬去指名請賞的呢？這件事難辦，但是不辦對胡雪巖又說不過去！

「好吧！我試試吧！雖然是沒有前例，但我大不了被罵一頓就是了！」

「回去轉告胡雪巖，明年大軍要出關攻打俄軍，要回被侵佔的土地，請他速借五百萬兩洋債。」

「是，大人。」王郁清沒有耽誤時間，很快地回到了杭州，向胡雪巖通知了有關黃馬褂以及借款的事情。胡雪巖一聽，當然很快就把這件借款的事情辦好。並且由王郁清帶到前線給左宗棠。光緒三年，左宗棠也出兵新疆，順利打敗俄軍將領阿古柏，將俄軍趕到了邊境。就在光緒四年，在左宗棠的奏請下，胡雪巖得到了夢寐以求的「黃馬褂」。

生活智慧 　從「黃馬褂」這件事，我們又見到那個貪婪的胡雪巖回來了！對於錢財和名聲，胡雪巖有超乎常人的慾望，這一點當然是幫助他不斷向前努力的原因之一，也促成了他的成功；然而一旦這種對於虛榮事物的要求過了頭，只怕難以想像的災禍很快就要降臨到身上，這恐怕是當時聲勢如日中天的胡雪巖怎麼樣也想不到的吧！

164 ─ 胡雪巖，你在說什麼

客人投訴要接受

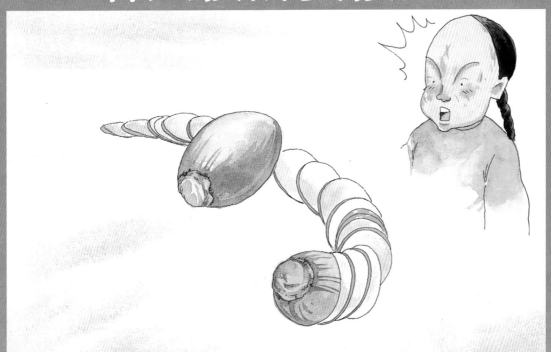

胡慶餘堂國藥號終於開幕，再加上黃馬褂加身，現在的胡雪巖可說是雙喜臨門了！只見他忙上忙下地等著客人上門，但是卻沒有一個人出現。原來是前來道賀的人、轎子以及馬車，早就把巷弄和大廳擠得水洩不通，誰還進得來？一直到了下午，才恢復正常。「貨真價實」的名聲和胡雪巖「濟世救人」的形象讓國藥號門庭若市，人來人往的也讓胡雪巖忙個不停，這一天就忙到夜深才休息。

隔天胡雪巖起了個大早，走到抓藥的「百眼櫥」（有許多放藥格子的大櫃子）前，只見一個老太太喊說：

「不對呀！我在種德堂抓的藥不是這樣啊！」

「這裡面有檳榔嗎？」

檢藥先生拿出幾片說：「這不是嗎？」

「不對呀！他們賣的是片兒，你們的卻是碎渣渣。」

胡雪巖馬上拿起藥材來看看，對老太太道歉說：「老人家，對不起！這裡的藥材不標準，您住哪兒啊？貴姓？」

「小河村。我們家姓劉。」

「您先回去，晚上把藥送到您家裡去，好嗎？」老太太聽了一臉疑惑，後來像是想起了什麼，對胡雪巖說：

「你是胡雪巖吧！」

「是。」

「你說我就信，太平軍那年若不是你的救命藥，我們兩個老的早走了！我相信你，我在小河村等你啊！」說完就走了。

老太太一走，胡雪巖馬上生氣地問：「這切片是誰負責的？」「樓上作坊的老李。」二話不說，胡雪巖走進了作坊。

「大先生，您來了！」李紳向胡雪巖問候。

「誰負責切檳榔？」

「裡面的學徒小崔，」

「一顆檳榔能切多少片？」「一百零八片兒。」

「你看看這裡切的是什麼樣子！」

李紳一見胡雪巖手裡的切片，一時氣得說不出話來。把學徒叫來，胡雪巖對著他說：「你把李先生切的切片送到櫃台，並且把小河村劉老太太的藥重配，晚飯親自送到他家，並且向人家道歉。」

「還要道歉？」學徒小崔還不知道自己已經犯了大錯。

「你不去，那我叫李紳去！」胡雪巖繃著臉說。

「我去！我去！」小崔急忙說。

李紳自責的說：「都怪我只教他們切法，忽略了他們的質量。」

胡雪巖這時慢慢地開口說：「我想藥號要有一個完整的訓練制度，包括各個學徒的分級，表現不好的，就直接開除，李紳，你來擬個名單吧！」

回到了營業廳，胡雪巖再把這個構想跟余修初和各部的先生說了一次，得到了大家的同意，余修初還建議在衣服上也要有所識別，這一點也得到胡雪巖的贊同，最後胡雪巖要余修初通知所有人明天打烊後到營業大廳集合。

客人投訴要接受

生活
智慧

一顆檳榔可以切成標準的一百零八片，也可以切成大小不一的碎渣子，也許都還是檳榔，但是用在藥裡的作用就可天差地別，這就是「失之毫釐，差之千里」。更重要的是這代表了藥號的不實在，這是胡雪巖最感到生氣的地方。當初胡雪巖會有開藥號的想法，就是因為種德堂的藥有次級品，如今自己的藥號也犯了同樣的錯，更糟糕的是竟被客人拿來和種德堂相比，這是胡雪巖最難以接受的。但是胡雪巖沒有因為這樣而失去冷靜，他明白只是責罵處罰是沒有用的。於是對外重新送藥，向客人道歉，重新取得客人的信任。畢竟「人誰無錯」，重要的是懂得改過；對內則重新訂立訓練的規範，重新要求自己的員工，漂亮地把危機化為一種轉機。

要法理也要人情

第二天，滿屋子的員工聽著胡雪巖重新說明「戒欺」的理念。

「能把戒欺區背出來的有幾位？」除了余修初和幾位部經理外，其他人都不敢出聲。於是胡雪巖繼續宣布了進一步的規定：

「顧客是我們的衣食父母。因此對於不負責的小崔，延長學徒期兩年；對於學習認真的小王和小董，決定提前滿師，這個月就升任為『師傅』。從今以後，我們國藥號的人員，都以服裝來分辨職務，穿長衫的一定是先生，學徒則著短衫，如果有穿錯，一律降級或開除。」

「以後每半年考核一次，其一是背戒欺，其二是各自的專業技能。任何一個人只要表現好，都有提前升格的機會，如果表現不好，一樣會被降級或革職。總之胡慶餘堂是大家的，希望大家都有一顆戒欺的心，好好努力吧！」

所有的員工都被胡雪巖的一番話感動的熱血沸騰，除了一個人以外，那就是小崔。回到了家，他簡直無法入睡。

有一天他母親談起了婚姻大事。

「當學徒的不能娶親，媽，您又不是不知道！」小崔愁眉苦臉地說。

「不是還有三、四個月就當師傅了嗎？」

「我當不了師傅了！」小崔怎麼也說不出原因。

「不行，我一定要問胡大先生是怎麼回事？」說完小崔的母親往國藥號走去。

到了國藥號，一見到自己兒子是在這雄偉的建築裡學習，她忍不住感到驕傲，走了進去，她找到了余修初，也說明了來意。余修初便一五一十地把小崔不能娶親的事說給她聽，一聽完她簡直不敢相信。心想兒子娶親的事是沒著落了，這時胡雪巖走了進來：

「娶親可以照娶，只是要跟對方說明，是因為工作態度不好，而延長了學徒的期間。」

「可是他沒錢養老婆啊！」

「我們給他補助，但是如果兩年後他升不了師傅，不但要開除，還要退賠兩年的

補助費，如果表現好，我們可以讓他提前滿師。」

崔母一聽，趕忙回家告訴小崔，而小崔也的確爭氣，從此改變態度，一絲不苟，技術也日益精進。

生活
智慧

一顆檳榔竟然會改變人的一生，所以我們難道不應該認真看待自己的人生嗎？不要想說偷懶一下不要緊，所有的事情都會產生不同的結果，如果像小崔一樣，那就後悔莫及了！所以三國時的劉備死前留給兒子的話是：「勿以善小而不為，勿以惡小而為之」，這也是同樣的道理。

胡雪巖雖然處罰了小崔，但他也不是不講情理的人，所以他仍然幫助小崔娶媳婦。這說明了管理者的目的並不是把部屬打倒，而是幫助部屬發揮最大的工作效率，這才是最有意義的。如果今天胡雪巖開除了小崔，不但對國藥號沒有直接的助益，也毀了小崔的人生；但是他今天給了小崔機會，不但挽救了他的人生，更替國藥號帶來了一個認真的員工。

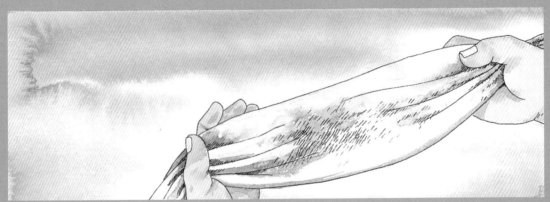

馬腳遲早會敗露

這一天，胡雪巖正和余修初、袁古農和潘鳴泉討論製作新的煉藥工具之時，作坊的管事劉大田來了！他一開口就說：

「別讓我管事了！我真的管不了！」

「怎麼了？」

「想當初我們跟著袁、潘兩位老先生煉藥時多麼嚴格，必須把自身洗乾淨，也不准吃葷菜，有太太的前一天不可以回家，這是自古傳下來的規矩。現在他們懂歸懂，真的去做的沒幾個。」

「好，這說明了我們操作上出了問題，帶十幾條白毛巾，我們去抽查。」胡雪巖嚴肅地說。

一到了作坊，胡雪巖便問說是否洗過澡了！所有的工人都回答有。於是胡雪巖找人給製作的工人用毛巾擦身體，結果有兩個人的毛巾變黑了！而這兩個人的臉則是紅的跟火一樣，他們就是已經是師傅的王大志和學徒李阿吉。

「好吧！今天的抽查就到這裡，這兩人不執行『戒欺』的要求，從今天起，停止他們的工作，他們已經不再是我胡慶餘堂的工人了！」

「余經理，公告給所有人知道吧！」

兩人簡直嚇呆，這下子連工作都沒了！況且因為不誠實而被人從這裡趕出去，將來還有什麼地方敢用他們呢？從學徒一直當到師傅的王大

志更是無法接受，他哭著抱著正要離開的胡雪巖的腳說：

「胡大先生，我求求您，就饒了我這一次吧！我家裡還有父母親，我以後一定改啦！」

「放開！」胡雪巖說。「我不會收回我的話，如果你家裡有困難，儘管來這裡說，但是你犯了紀律，就一定要除名。不然我胡慶餘堂的招牌，不就毀在你們的手裡，你說是不是？」

這時王大志簡直是六神無主了！他不知道現在該怎麼辦。這時胡雪巖跟余修初說幾句話，然後余修初開口說：

「要留下也可以，不過現在變成臨時僱用人員，按件計酬。」

「我能不能跟小崔一樣，用兩年時間改過？」

「不行，你是被開除，至於能不能恢復『師傅』的身分，以後再說吧！」

王大志哭著走出了作坊，旁邊的人看了都替他難過。這時的胡雪巖心裡也不舒服，等到王大志走了，便對余修初說：

「明天他來，鼓勵他一下吧！讓他努力去爭取回到『師傅』的位子，他畢竟也做了六年多了！」

生活智慧

凡事偷雞摸狗，終究會有被發現的一天。等到那一天來臨時，那就真的是「偷雞不著蝕把米了！」王大志最令人不可原諒的並不是沒有按規定清潔身體，而是不誠實的工作態度。這種態度是胡雪巖為什麼要開除他的主要原因，這也見到胡雪巖建立制度和實行規定的確實。當然，如同以往一樣，心軟的胡雪巖仍然給王大志留了一條路，就看他能不能自己好好努力把握了！

色字頭上一把刀

一八八一年初夏，胡雪巖到了上海，總理衙門章京邵友濂是李鴻章的心腹，他曾經到上海探查左宗棠在上海的實力，就在左宗棠大獲全勝之後，他跟崇厚到俄國談判，在光緒五年簽訂了喪權辱國的返還伊犁條約，只得回一個伊犁，卻失去了其他的大片土地，崇厚被捕入獄，他卻推掉了責任，搖身一變成為欽差大臣，更成為蘇松太道，控制了上海，當然這都來自於李鴻章的力量。這一次就是他要在上海約見胡雪巖。

「哎呀！胡大先生，讓您奔波來到上海，真是不好意思，你不會怪我吧！」邵友濂說。

「哪裡的話，我還要邵大人多多關照呢！不知道我能替太道大人做些什麼？」胡雪巖邊說邊想著這位李鴻章跟前的紅人究竟想要做什麼？

「上海的經費困難很大，我本想借些洋債，但幾個銀行都說除了阜康出面擔保，否則沒得商量。」

「不知大人需要多少？」

「二百萬兩。」邵友濂試探性地問。

胡雪巖想了一下，說：「明天派人跟我一起到麗如銀行辦理借貸手續。」

「太好了！」這時邵友濂用眼神叫男僕過來交待了一些事，不久一位美麗的女子托著水果盤進來，胡雪巖一看到她就捨不得移開眼光，呆呆的看著她，這時一旁的邵友濂偷偷地笑了！

「胡大先生，這小妮子在我這兒也有些委屈，

就讓您帶走如何？」

　　胡雪巖不敢相信自己的耳朵，他對漂亮的女人，就像對白銀一樣，是非常喜愛的，甚至是用來炫耀的工具。

　　「既然邵大人肯割愛，我就恭敬不如從命了！」

　　「事情辦完後，我叫人送到您府上去。」

　　「好，明天早上，我在阜康等您。」胡雪巖笑著走了！

　　而這一邊左宗棠也派王郁清來向胡雪巖要求借四百萬兩重建陝甘的經費。於是隔天胡雪巖帶了兩邊的人總計借了六百萬兩，這些債務的擔保人都是阜康銀號。

生活智慧

　　所謂「色字頭上一把刀」，聰明如胡雪巖也要拜倒在女人的石榴裙下。這位邵友濂怎麼說都是李鴻章的愛將，李鴻章跟左宗棠可是死對頭，那麼對於左宗棠愛將的胡雪巖，他們有可能會如此友善嗎？這個借款只怕是個陷阱。然而胡雪巖卻因為美色當前，而忽略了該有的警覺心和判斷力，這也替他的失敗種下了「因」，而他終究要自己承受所帶來的「果」。所以孔子說：「無欲則剛。」人如果沒有過分的欲望，那麼就沒有任何事情可以限制我們，這是我們要好好思考的問題。

「奇貨」未必可居

　　一八八二年，胡雪巖決定親臨前線，在絲出口的戰爭中，不讓任何一斤新絲流入洋人手中，於是這一年他高價收遍各地的絲，將本銀一千萬兩都投入了這一場戰鬥。由於胡雪巖囤積了所有的生絲，英國的商船在上海沈默了兩個多月，生絲大亨艾特姆生終於忍不住去見胡雪巖了！

　　「我知道，所有的生絲你們全買進了。是否有意轉賣？如果有，我願意全部買進。」

　　「是的，如果艾特姆生先生願意，那就加利百分之六十。」胡雪巖得意地說。艾特姆生看著這位「紅頂商人」（有官職在身的商人），為難地說：

　　「我可以加利百分之五十。」

　　胡雪巖拒絕了！艾特姆生也只好走了！而龐雲繪則是替胡雪巖擔心這本息一壓上來，阜康錢莊受得了嗎？更重要的是自己會不會血本無歸？因此隔年，當胡雪巖又想做同樣的事時，龐雲繪忍不住提出建議：

　　「大先生，你已經把一千萬兩的銀子壓在倉庫裡了！絲一放久就會變色，再放下去，就要虧本了！」

「不會的，今年的收成並不好，我的絲不怕沒有好價錢。」

然而這一年外商的收購卻十分順利，主要是胡雪巖已經無力再全面收購。更糟的是，倉庫裡的絲正如龐雲繒所預料的開始變色了！這時輪到胡雪巖找上艾特姆生，表示願意用他所提的價格出售。

然而艾特姆生的態度十分冷淡，他表示要先看貨。看完了貨，他表示他的收購價是「三百六十二兩五錢」，雖然不是好價錢，但對於胡雪巖而言，能先把一萬多包的絲脫手七千多包，已經不錯了，於是在合同上簽了字。他又問起其他庫存要不要？

「不要！都變色了！」艾特姆生回答。

這時的胡雪巖知道不妙了！於是表示希望艾特姆生能一併收下，但此時艾特姆生表示如果要他收，必須在價錢上再扣掉三百萬兩。胡雪巖雖然知道他是趁機報復，但卻也無餘力反抗，於是原本一千萬兩本錢的絲，最後只賣出了四百萬兩，胡雪巖原本想和洋人戰鬥一番，沒想到結果反被修理了一頓，胡雪巖開始感到後悔，但是為時已晚了！

生活智慧　　「商場如戰場」，一絲一毫的失誤往往帶來無法挽回的結果。胡雪巖用他一貫「奇貨可居」的手法來經營絲的生意，沒想到過份的貪心讓他遭遇到最大的失敗，過於相信自己的實力讓他沖昏了頭。所謂「水能載舟，也能覆舟」，這個一向讓他最自豪的積極性格，竟然為他帶來失敗的開始。

權貴是吃人的老虎

「屋漏偏逢連夜雨，船遲更遇打頭風。」回到阜康，一件更糟的事發生了！英國的銀行代表找上了胡雪巖，拿出了借貸收據。

「這項貸款您知道嗎？」

「是，我知道。是蘇松太道邵友濂的貸款，我是擔保人。」

「今天是歸還本息的日子，但是他否認了這筆借款，所以您必須歸還這筆錢。」英國人說。

胡雪巖簡直不敢相信，好一個乘人之危，落井下石。送我一個女孩子，就賴掉了兩百萬兩銀子。這下子，胡雪巖成了左宗棠和李鴻章政治鬥爭下的「犧牲品」！

沒多久，阜康錢莊的存戶就紛紛把存款提出，而造成各地錢莊的倒閉，胡雪巖只得解散妻妾，帶著兩本「內帳」，來到左宗棠的總督署。

「別說了！我都知道了！你先回去宣布破產，我再到浙江去替你處理。」

左宗棠到了浙江，把所有存錢在阜康的官員全找來，問他們各自存了多少錢在阜康，由於朝廷有「養廉」的規定，這些官員哪敢把實際的金額報告出來，於是最多也只有二千兩銀子，不知不覺替胡雪巖減少了許多的債務。

「雪巖啊！我所能做的只有一個浙江，其他地方怎麼辦呢？」左宗棠憂心地問，胡雪巖只能一臉苦笑，然而他卻不知道更大的危機還在後頭。

雖然胡雪巖所有的財產都被拿出來交給負責的官員處理，至少他還擁有大宅和國藥號，然而在京城的文煜聽到了他破產的消息，馬上南下杭州，一見到負責的主管官員，便要他們把這兩個地方拿來抵押他的債務，於是價值數百萬兩的大宅和國藥號，被文煜當作五十六萬兩給拿走了！臨走前他還說：

「胡雪巖啊！珍重身體，我要回京去了！」

對於這一個假裝大方，卻心狠手辣的文煜，胡雪巖也只能在心裡忿怒了！大戶如此，小戶的情形就更不用說了！整整兩年的風暴，此刻的胡雪巖不但沒有任何資產，更糟的是，以六十二歲的年紀受到這種打擊，他的精神也慢慢開始不正常。常聽到他自言自語地說：

「長毛禿有來嗎？」

「賴老三有來嗎？」

而這時，胡雪巖最大也是唯一的靠山左宗棠在福州病逝。從前王有齡死時，胡雪巖得到了左宗棠的幫助；但是現在呢？他該怎麼辦？現在的他常常什麼也不說，坐著大半天也不動。唯一可以跟他說上兩句話的人是三兒子品三，但他也只能聽到斷斷續續的話。

「害我的人，刀口。」

這「刀口」就是邵友濂。他對胡雪巖的陷害，其實是李鴻章向左宗棠示威的結果，只是胡雪巖沒有早早發現而已。

還記得嚴敬銘嗎？現在的他可逮到機會來報復胡雪巖了！他不停地收集胡雪巖利用公款投資生意的證據，以及曾經對胡雪巖懷有恨意的人的奏摺，集合起來上奏老佛爺。慈禧太后看了說：

「這胡雪巖的事看來非同小可，我看只有重重責罰以告天下。」

「不過這嚴敬銘每天只會奏胡雪巖，身為戶部尚書也不知道去處理國家大事，我看，革了他的職吧！」

結果這嚴敬銘自作自受，被革職貶為平民。而杭州知府也接到聖旨要查辦胡雪巖。於是連忙帶兵來到了胡雪巖現在所住的小屋子。那裡知道胡雪巖早已經重病身亡，正躺在一副劣質的棺木裡等待下葬。官員們也只好搖搖頭走了！

於是一代經營奇才胡雪巖就這麼殞落！他的成功，來自於清末封建社會的病態現象，而他的失敗也是這個病態現象所造成。不管如何，他所流傳下來的經營理念與「戒欺」的經營精神，都是值得現代人學習的。

所有曾經種下的惡因，終究在某個時刻會產生惡果。以前用心去巴結的權貴，在緊要關頭，終究露出了兇惡的臉孔，像是吃人不吐骨頭的老虎。胡雪巖如何跟這些人鬥？只有自己承擔苦果了！

如果一開始就用正正當當的手法來做生意，也許不能如此大富大貴；但是結局會不會也大不相同呢？這值得我們好好地想一想。

讀書筆記

讀書筆記

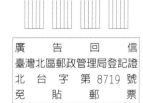

廣　告　回　信
臺灣北區郵政管理局登記證
北　台　字　第 8719 號
免　貼　郵　票

106-□□
台北市新生南路3段88號5樓之6

揚智文化事業股份有限公司　　　收

□□□-□□

地址：　　市縣　　鄉鎮市區　　路街　段　巷　弄　號　樓
姓名：

Leaves
Publishing

 L1010　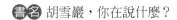 胡雪巖，你在說什麼？

葉子出版股份有限公司

讀・者・回・函

感謝您購買本公司出版的書籍。
為了更接近讀者的想法，出版您想閱讀的書籍，在此需要勞駕您
詳細為我們填寫回函，您的一份心力，將使我們更加努力！！

1.姓名：＿＿＿＿＿＿＿＿

2.性別：□男 □女

3.生日／年齡：西元＿＿＿＿ 年＿＿＿月 ＿＿＿日＿＿歲

4.教育程度：□高中職以下 □專科及大學 □碩士 □博士以上

5.職業別：□學生□服務業□軍警□公教□資訊□傳播□金融□貿易
　　　　　□製造生產□家管□其他＿＿＿＿＿＿

6.購書方式／地點名稱：□書店＿＿＿□量販店＿＿＿□網路＿＿＿□郵購＿＿＿
　　　　　　　　　　　□書展＿＿＿　□其他＿＿＿

7.如何得知此出版訊息：□媒體＿＿＿□書訊＿＿＿□書店＿＿＿□其他＿＿＿

8.購買原因：□喜歡作者□對書籍內容感興趣□生活或工作需要□其他

9.書籍編排：□專業水準□賞心悅目□設計普通□有待加強

10.書籍封面：□非常出色□平凡普通□毫不起眼

11. E－mail：＿＿＿＿＿＿＿＿＿＿＿＿＿＿＿＿＿＿＿＿＿＿＿＿

12.喜歡哪一類型的書籍：＿＿＿＿＿＿＿＿＿＿＿＿＿＿＿＿＿＿＿＿

13.月收入：□兩萬到三萬□三到四萬□四到五萬□五萬以上□十萬以上

14.您認為本書定價：□過高□適當□便宜

15.希望本公司出版哪方面的書籍：＿＿＿＿＿＿＿＿＿＿＿＿＿＿＿

16.本公司企劃的書籍分類裡，有哪些書系是您感到興趣的？
□忘憂草（身心靈）□愛麗絲（流行時尚）□紫薇（愛情）□三色堇（財經）
□ 銀杏（健康）□風信子（旅遊文學）□向日葵（青少年）

17.您的寶貴意見：

＿＿＿＿＿＿＿＿＿＿＿＿＿＿＿＿＿＿＿＿＿＿＿＿＿＿＿＿＿＿＿

☆填寫完畢後，可直接寄回（免貼郵票）。
　我們將不定期寄發新書資訊，並優先通知您
．其他優惠活動，再次感謝您！！

Leaves
Publishing

根
以讀者為其根本

莖
用生活來做支撐

葉
引發思考或功用

果
獲取效益或趣味